PAUL-JOSEF RAUE **LUTHERS STIL-LEHRE**

KLARTEXT

BIBLIOTHEK DES JOURNALISMUS – KLEINE REIHE

PAUL-JOSEF RAUE

LUTHERS STIL-LEHRE

50 Kolumnen für Journalisten, Pressesprecher,
Politiker und alle, die attraktiv schreiben wollen

Titelbild:
www.shutterstock.com
Everett Historical
Stockillustrationsnummer: 252139612
Martin Luther (1483–1546), portrait by Lucas Cranach, 1529

Bibliografische Information der Deutschen Nationalbibliothek
Die Deutsche Nationalbibliothek verzeichnet diese Publikation in der
Deutschen Nationalbibliografie; detaillierte bibliografische Daten sind
im Internet über http://dnb.dnb.de abrufbar.

1. Auflage September 2017

Umschlaggestaltung: Ina Zimmermann, Essen
Satz und Gestaltung: Satzzentrale GbR, Marburg
Druck und Bindung: Multiprint GmbH, Kostinbrod 2230,
Slavianska Str. 10 A, Bulgarien

ISBN 978-3-8375-1898-6

KLARTEXT   Jakob Funke Medien Beteiligungs GmbH & Co. KG
Friedrichstr. 34–38, 45128 Essen
info@klartext-verlag.de, www.klartext-verlag.de

INHALT

DIE SÄTZE

VERSTÄNDLICHKEIT

SINN UND FORM

DER ATTRAKTIVE STIL: IN BILDERN ERZÄHLEN

LUTHER UND UNSERE ZEIT: EIN BISSCHEN DIGITAL

VORREDE

Ob Luther der Schöpfer der deutschen Sprache ist, darüber streiten die Historiker. Sicher ist: Luther hat als erster so geschrieben, dass die meisten Menschen die Bibel verstehen konnten. Die Bibel war das wichtigste Buch im 16. Jahrhundert: Darin stand, wie man leben muss und wie man glücklich werden kann – und warum es nicht jedem gelingt.

Luther hat nicht nur deutsch geschrieben, was am Ende des Mittelalters wenige taten, er hat die Sprache geprägt, neue Wörter und Wendungen erdacht, Bilder in Worte übertragen und gleichzeitig die Regeln gesetzt für einen Stil, der verständlich sein soll und attraktiv.

Die Regeln sind nebenbei entstanden: So muss ich schreiben, wenn ich verstanden, gehört und gelesen werden will. An einigen Stellen hat er seine Regeln erklärt und begründet, aber er hat – leider – keine Stil-Lehre verfasst wie beispielsweise Ludwig Reiners oder Wolf Schneider. Der pries Luther:

„Seine Sprache ist voller Leben, also voll von dem, was alle verstehen. Luthers Kirchensprache war nicht akademisch versaubeutelt. Und ich wünsche mir von allen Schreibenden, auch von Journalisten, die gleiche Gesinnung wie bei Luther: Ich will von allen gelesen und von allen verstanden werden."

Der frühere Eisenacher Bischof Christoph Kähler leitete das Experten-Team, das zum Lutherjahr 2017 die Bibelübersetzungen gründlich durchschaute und an fast 16.000 Stellen revidierte, das ist nahezu die Hälfte aller Verse. Die modernen Übersetzer wahrten dabei die Demut vor der Leistung Luthers: „Seine Übersetzung ist poetisch, sie ist emphatisch (was man lange Zeit nicht genügend gewürdigt hat) und stilprägend", schreibt der Bischof. Das ist sie: Stilprägend!

Luthers Stil-Regeln gelten heute wie vor fünfhundert Jahren: Es sind goldene Regeln, es sind Regeln für alle Zeiten, in denen Menschen vernünftig miteinander kommunizieren wollen. In seinem „Sendbrief vom Dolmetschen", gerade mal zwanzig Seiten stark, führt er uns in seine Sprach-Werkstatt. Eigentlich wendet er sich nur gegen seine Feinde, die ihm vorwerfen, er habe den Text der Bibel verfälscht und sich nicht an den Buchstaben gehalten.

Luther dreht den Spieß um: Wer wortgetreu übersetzt, vergisst die Menschen, die Gottes Wort hören und verstehen wollen. Die Leute brauchen „eine völlige, deutsche, klare Rede". In einem berühmten Satz, 65 Wörter lang, verdichtet Luther seine Stil-Lehre; diesen Satz sollte sich jeder Autor über seinen Schreibtisch hängen und jede Redaktion an den Eingang zum Nachrichten-Raum:

„Denn man muss nicht die Buchstaben in der lateinischen Sprache fragen, wie man soll Deutsch reden, wie diese Esel tun, sondern man muss die Mutter im Hause, die Kinder auf der Gassen, den gemeinen Mann auf dem Markt drum fragen und denselbigen auf das Maul sehen, wie sie reden, und darnach dolmetschen; da verstehen sie es denn und merken, dass man deutsch mit ihnen redet."

Es reicht allerdings nicht, den Leuten aufs Maul zu schauen und zu wiederholen, wie die Menschen reden; man braucht schon, wie Luther schreibt, „Kunst, Fleiß, Vernunft, Verstand zum guten Dolmetschen". Und man sollte, auch das ist Luthers Rat, den Leuten nicht nach dem Mund reden.

So wichtig für Luther der Stil ist, noch wichtiger ist der Inhalt. Im Kapitel „Sinn und Form" ist die Kehrseite der Lutherschen Meisterschaft zu entdecken: Schnell kippt die Lehre in Propaganda um, richtet sich gegen Menschen, die „anders" sind wie Katholiken und Juden. Schon steckt man mittendrin im Streit um Form und Inhalt: Darf man kraftvoll schreiben, der Mensch dürfe nicht zweifeln? Darf man mit Verve behaupten, der Wille sei eigentlich nicht frei?

Wir können von Luther lernen, wie wir attraktiv und verständlich schreiben, auch wenn wir keine Christen sind, wenn wir seine Theologie und sein Menschenbild nicht teilen. Dieses Buch ist ein Entwurf der Lutherschen Stil-Lehre: Es sammelt Kolumnen, die in einigen deutschen Zeitungen erschienen sind; für dies Buch sind sie überarbeitet und neu angeordnet worden.

Dabei kommt auch die Unterhaltung nicht zu kurz, ganz im Lutherschen Sinn: Er beschloss den Abend mit einem geselligen Gespräch über Gott und die Welt, man plauderte bei einem guten Essen, bei Bier und Wein, man ließ den Menschen pampeln – wie auch in einigen dieser Kolumnen. Hier werden – ganz im Lutherschen Sinne – Geschichten erzählt, Wörter gefeiert, hier wird getanzt und gesungen. Also beste Unterhaltung, kurze Wörter und kurzweilige Geschichten.

„Vorrede" nennt Luther seine Einleitung in die erste deutsche Übersetzung der Bibel, die für das Volk geschrieben ist.

Vorrede habe ich auch die Vorrede für dieses Buch genannt. „Aber es will jetzt zu lang werden", schreibt Luther gegen Ende seines „Sendbrief vom Dolmetschen" – und schließt mit: „Euer guter Freund".

DER EIGENE STIL

1. WAS IST EIN EIGENER STIL?

„Ich habe mich beim Dolmetschen bemüht, rein und klar Deutsch zu schreiben. Sehr oft haben wir vierzehn Tage, drei, vier Wochen ein einziges Wort gesucht und haben's dennoch zuweilen nicht gefunden." Wenn Luther, wie im „Sendbrief", vom Dolmetschen spricht, meint er seine Übersetzungen aus dem Griechischen und Hebräischen. Doch Luther überträgt nicht Buchstabe für Buchstabe, nicht Wort für Wort wie die Theologen vor ihm, deren Übersetzungen aus dem Lateinischen fad waren und schwer verständlich.

Luther findet farbige Wörter und Wendungen, die das Volk zu Sprichwörtern adelt, er nimmt kurze Wörter und formuliert überschaubare Sätze, er entdeckt Bilder und bringt Wörter und Sätze zum Tanzen: Das ist mehr als eine Übersetzung, das ist ein eigener Stil, der Luther-Stil.

Wer heute vom eigenen Stil spricht, meint meist eine Kopie: Man schätzt den „Spiegel"-Stil oder den von Axel Hacke und ahmt ihn nach, oder man kopiert den eines Dichters wie Ernest Hemingway oder Ingo Schulze. Den eigenen Stil, der mehr ist als eine Kopie, finden nur wenige Meister, wie die Journalisten

Wolf Schneider und Cordt Schnibben oder wie Heribert Prantl und Harald Martenstein.

Wer als Lehrling oder Geselle mit 20 oder 30 Jahren schon einen eigenen Stil finden will, der wird bestenfalls ein guter Kopierer. Er tut allerdings gut daran, Luthers Regeln zu lernen und zu beachten, „was für Kunst, Fleiß, Vernunft, Verstand zum guten Dolmetschen gehört". Von diesen Vier ist der Fleiß am wichtigsten: Die Suche nach dem besten Anfang, dem richtigen Wort, dem passenden Bild – wer sich diese Mühe nicht gibt, wird allenfalls ein mäßiger Sprach-Geselle.

Luther erzählt, wie er wochenlang nach dem rechten Wort sucht. Da mag er übertrieben haben, reichlich sogar, aber der Hinweis auf die Qual ist ehrlich. Und noch eins müssen Schüler, den eigenen Stil suchend, von Luther lernen: „Wer dolmetschen will, muss einen großen Vorrat von Worten haben, damit er die rechten zur Hand haben kann, wenn eines nirgendwo klingen will."

Also: Lesen, lesen, lesen!

2. QUALITÄT KOMMT VON QUAL

Wer ein Meister der Sprache werden will, braucht einen Meister, der ihm deutlich macht: Nicht der Leser darf sich quälen! Du musst dich quälen, wenn du gelesen werden willst!

„Qualität kommt von Qual": Dieser Wolf-Schneider-Spruch, in Stein gemeißelt, hängt im Eingang der Hamburger Journalistenschule. Lehrer, die dies fordern, sind selten beliebt. Luther erzählt bei Tisch: Meine Lehrer waren so grausam wie die Henker. „Ich wurde einmal vormittags fünfzehn Mal ohne Schuld geschlagen: Ich sollte deklinieren und konjugieren und hatte es nicht gelernt."

Luther mag kokettiert haben mit der Qual, die ihm das Schreiben bereitet, aber „reines und klares Deutsch" fällt auch für ihn nicht vom Himmel. Er berichtet in seiner Sprachtheorie, dem „Sendbrief vom Dolmetschen": „Beim Buch Hiob mühten wir uns so, dass wir in vier Tagen kaum drei Zeilen fertigbringen konnten."

Qualität und Qual haben zwar keine gemeinsamen Wurzeln, aber sie passen sinnvoll zusammen. Wer einen Text liest, mit Lust und Gewinn, der wird – so Luther – „nicht gewahr, welche Wacken und Klötze da gelegen haben."

Die „Wacke", ein altes Wort für Stein, kannte noch Goethe, heute ist es nur noch in Dialekten zu finden.

Luther schätzt den Handwerker, er geht gerne in die Werkstatt des Tischlers. Das Schreiben eines Textes vergleicht er mit dem Hobeln eines Möbelstücks; die Qual vergleicht er mit der Arbeit des Bauern, der Steine wegräumt: „Es ist gut pflügen, wenn der Acker gereinigt ist; aber den Wald und die Wurzelstöcke ausroden und den Acker zurichten, da will niemand heran. Es ist bei der Welt kein Dank zu verdienen."

Luther wird geschätzt von Zuhörern und Lesern, gleichwohl beklagt er in einer Predigt, wie gering das Schreiberamt geachtet sei: „Ich wollte den Reiter sehen, der mir einen ganzen Tag stillsitzen und in ein Buch sehen könnte." Auch ohne besonderes Handwerkszeug sei das Schreiben mit der Feder eine harte Arbeit: „Drei Finger tun's (sagt man von Schreibern), aber der ganze Leib und Seele arbeiten dran."

3. AM STIL FEILEN

„Die Worte meines Heulens sind ferne von meinem Heil", übersetzt Martin Luther den Anfang von Psalm 22. Die Worte holpern, sind schwer verständlich: Auch Luther baut schwache Sätze, denen schnell der Atem ausgeht. Selbst wer einen eigenen Stil entwickelt hat, wer die Regeln des attraktiven Schreibens befolgt, der schreibt nicht unentwegt Sätze, die sprichwörtlich werden.

Aber Luther erkennt, wenn seine Übersetzungen nicht stimmen – und er merkt sich die Stellen, die einer besseren Formulierung harren. Zehn Jahre nach der ersten Übersetzung korrigiert Luther den Satz des Psalms: „Ich heule, aber meine Hilfe ist ferne." Das ist wieder die Sprache, die die Menschen auf der Straße sprechen.

Dieser Satz des Sängers folgt auf einen der bekanntesten Sätze der Bibel: „Mein Gott, mein Gott, warum hast du mich verlassen?" Die Evangelisten Matthäus und Markus greifen ihn wieder auf in der Hinrichtungs-Geschichte: Sie legen die Verzweiflung des Psalm-Dichters auch dem sterbenden Jesus in den Mund.

Luther weiß um die Bedeutung der Sätze, er formuliert einprägsame Wendungen und löst sich aus der komplizierten Konstruktion „Worten meines Heulens". Ein klarer Satz entsteht mit nur noch zwei Wörtern: „Ich heule".

Was hat Luther verbessert? Es gibt kein stärkeres Wort in unserer Sprache als „Ich". Er entwirrt also die „Worte meines Heulens", verwandelt das „mein" in ein „Ich" und wirft zwei der drei Substantive aus dem Satz: Er wird kürzer, klarer, emotionaler.

Luther zertrümmert die Substantiv-Konstruktion und wählt mit „heulen" ein starkes Verb statt des schwachen „sind" in der ersten Fassung. Das reicht, um auch die Satzstellung zu verbessern: Luther setzt ein mit dem „Heulen" und endet mit dem Grund der Verzweiflung: Der „ferne" der Hilfe. „Ich heule, aber meine Hilfe ist ferne."

Übersetzer, die 2016 die neue Luther-Bibel vorlegen, sind immer noch nicht zufrieden. Sie haben auch Erkenntnisse, die Luther nicht hatte: In dem halben Jahrtausend zwischen Luther und uns tauchen Texte aus alten Zeiten auf, die Luther noch nicht kannte. So übernimmt die aktuelle Übersetzung Luthers feine Satz-Konstruktion, aber verstärkt das Heulen zum Schrei: „Ich schreie, aber meine Hilfe ist ferne", lautet die moderne Version.

4. DER LUTHER-SOUND

„Und jedermann ging, dass er sich schätzen ließe, ein jeder in seine Stadt" – da stocken wir schon in der Weihnachtsgeschichte. Wer sich an seine Kindheit erinnert, als er die Geschichte unter dem Baum vorgelesen hat: Stand nicht in Luthers Übersetzung statt „jeder": „ein jeglicher in seine Stadt"?

In der Tat wandelten die Revisoren der Übersetzung in den siebziger und achtziger Jahren Luthers „jeglicher" ins modern anmutende „jeder" um.

Noch ein Beispiel aus dem Weihnachts-Evangelium nach Lukas:

„Als sie dort waren, kam die Zeit, dass sie gebären sollte." Steht nicht bei Luther: „Als sie daselbst waren"? Auch das revidierte die Lutherbibel vor 50 Jahren.

Die aktuelle Lutherbibel von 2017 revidiert die Revision und kehrt zu Luthers Ur-Worten zurück. Der ehemalige Eisenacher Bischof Christoph Kähler, der das aktuelle Revisoren-Team leitete, spricht vom originalen „Lutherklang", der wieder hörbar wird; Musiker würden vom Luther-Sound sprechen.

Luthers Sprache hat einen eigenen Rhythmus, den selbst kleine Veränderungen stören können. Pronomen wie „daselbst" beachten wir kaum, also Fürwörter, die Luther einsetzt, um ein Substantiv nicht wiederholen zu müssen.

Solche Fürwörter lieben schon Kinder und üben den Rhythmus der Sprache, wenn sie auf einen Gegenstand zeigen: „Das da! Das da! Das da!" Luther wird den Kindern auf der Straße gelauscht und Wörter wie „daselbst" ebenso geschätzt haben wie das wohlklingende „allda": „Wenn ein Krieg oder der Türke käme, so sollte niemand aus einem Dorfe fliehen, sondern allda die Strafe Gottes durchs Schwert erwarten."

Die Revisoren der siebziger Jahre wollten Luthers altertümlich wirkenden Klang entfernen, eben den Lutherklang. Die aktuellen Revisoren um Bischof Kähler wollen einen „gewissen altmodischen Duktus" verstärken – aus einem guten Grund: „Luthers Übersetzung ist poetisch, sie ist emphatisch (was man lange Zeit nicht genügend gewürdigt hat) und stilprägend."

So kommen die Vorzüge von Luthers Stil zum Zuge: Wir können ihn wieder gut lesen, gut sprechen und im Gedächtnis behalten – solange wir die alten Wörter noch verstehen, sprechen und singen wie „desto", „etlich" oder „auf dass".

5. MIT WENIGEN WORTEN VIEL SAGEN

Wer erzählen will, der braucht weder Adjektive noch Pathos. „Erzählen ist Weglassen", so charakterisierte der Schriftsteller Hans Fallada den Stil des US-Dichters Ernest Hemingway, „er zeichnet nur ein paar Striche, das andere überlässt er seinen Lesern." Hemingway nutzte dafür in seiner Nobelpreis-Rede ein Bild: „Ich versuche immer nach dem Prinzip des Eisbergs zu schreiben. Sieben Achtel davon liegen unter Wasser, nur ein Achtel ist sichtbar."

Hemingway könnte von Luther gelernt haben. Der kommentierte den Text eines Diakons aus Gräfenhainichen: „Wer viele überschwängliche Worte gebraucht und vor Eifer glüht, ist gefährlich und verdächtig. Denn Wortgetöse reißt mehr ein, als es aufbaut. Mit wenigen Worten viel zu sagen, ist eine Kunst; eine große Torheit aber ist es, viele Worte zu gebrauchen und doch nichts zu sagen."

Den Lutherschen Merksatz „Mit wenigen Worten viel zu sagen" hat ein Großmeister der Kurzgeschichten, der Amerikaner Raymond Carver, aufgenommen: „Mein Sprachlehrer hat mir gezeigt, wie man mit einem Minimum an Worten ein Maximum an Aussage erzielen kann."

Luther gibt in seinen Tischreden ein Beispiel, was guter Stil – er nennt ihn „Dialektik" – ist: „Die Dialektik redet einfach, wie wenn ich sagte: ‚Gib mir zu trinken'. Die Rhetorik schmückt aus: ‚Gib mir des herrlichen Safts im Keller, der fein im Kruge stehet, die Leute fröhlich macht usw.'".

Luther streicht schmückende Adjektive und Adverben, entfernt oft sogar Substantive, um das Entscheidende herauszuheben: Ein Minimum an Worten, ein Maximum an Aussage. Er denkt an „den gemeinen Mann, an arme kleine Kinder, Mägdlein, alte Frauen und Männer". Zu denen spricht er mit schlichten Worten: „Man muss den armen Leuten weiß weiß, schwarz schwarz sagen, aufs allereinfältigste, wie es ist."

Doch gibt es keine Stil-Lehre für arme Leute und eine andere für gebildete: Wer erzählen will, befolgt für alle dieselben einfachen Regeln: „Man muss nicht predigen und tapfer mit großen Worten prächtig und kunstreich herfahren."

6. DIE WORT-MANUFAKTUR

Luther weiß, wie Worte wirken – und er will mit Worten wirken. Er unterhält in Wittenberg eine Wort-Manufaktur; heute würden wir sie eine Medien-Agentur nennen. Besonders schätzt er Sprichwörter, sie sind mehr als ein Abfall-Produkt der Bibel-übersetzung.

„Ich will deutsch reden, mein gnädiger Herr Wenzel", bittet er in einem Brief den Wenzel Link darum, einen Knaben zu engagieren – um zu sammeln „alle deutschen Bilder, Reimen, Lieder, Bücher, Meistergesäng". An der Sprichwort-Sammlung arbeitet Luther sein Leben lang.

Wer in seinen Tischreden liest, entdeckt: Luther denkt in Sprichwörtern, denn spontan fallen ihm Sätze ein, die bis heute zitiert werden wie: „Aus einem verzagten Arsch kommt kein fröhlicher Furz" oder „Warum rülpset und furzet ihr nicht? Hat es euch nicht geschmacket?"

Die meisten Sprichwörter entstehen allerdings nicht aus einer Laune, sondern aus der Analyse biblischer Texte. Im „Sendbrief vom Dolmetschen" beschreibt Luther, wie er ein Sprichwort entwickelt:

Er schaut in den griechischen oder hebräischen Urtext, dann in Bibel-Übersetzungen, die vor ihm entstanden sind, er nennt die Übersetzer, die das Lateinische vor Augen hatten, allesamt „Esel" und kritisiert an einem Beispiel: Wie kann man einen lateinischen Satz nur so dolmetschen: „Aus dem Überfluss des Herzens redet der Mund"?

„Ist das deutsch geredet? Was ist Überfluss des Herzens für ein Ding?" Keiner spreche auch vom Überfluss des Hauses oder

Überfluss des Kachelofens. Wie redet die Mutter im Haus? Der gemeine Mann? „Wes das Herz voll ist, des gehet der Mund über. Das heißt: Gutes Deutsch geredet."

Nebenbei verweist er auf die Schwierigkeiten seiner Vorgänger, die nicht wie er den griechischen Text als Vorlage hatten; sie übersetzten eine Übersetzung. „Die lateinischen Buchstaben hindern über die Maßen sehr, gutes Deutsch zu reden."

Es reicht allerdings nicht, den Leuten aufs Maul zu schauen und zu wiederholen, wie die Menschen reden; man braucht schon, wie Luther schreibt, „Kunst, Fleiß, Vernunft, Verstand zum guten Dolmetschen". Man kann diesen Satz nicht oft genug wiederholen.

DIE WÖRTER

7. KURZE WÖRTER

Was ist ein guter Stil? Darüber kann man viele Kolumnen und dicke Bücher schreiben. Es reichen fürs Erste zwei einfache Regeln. Die erste: Nutze kurze Wörter!

„Am Anfang schuf Gott Himmel und Erden. Und die Erde war wüst und leer, und es war finster auf der Tiefe." So beginnt Martin Luther seine Übersetzung der Schöpfungs-Geschichte in den ersten Büchern Moses: Kein Wort hat mehr als zwei Silben. Die meisten Wörter haben nur eine Silbe wie diese kräftigen: „Gott" und „wüst" und „leer"; die starken Hauptwörter, die den Rhythmus bestimmen und den Sinn tragen, haben zwei Silben: „Anfang" und „Himmel", „Erde" und „Tiefe".

Das ist Luthers Stil: Kurze, schlichte, aber kräftige Wörter wie „Rat und Tat", „Mark und Bein". Die einsilbigen Wörter gehen direkt ins Ohr, und die meisten reizen unsere Gefühle. Einsilbig sind Hass und Wut, Glück und Geld, Gott und Mensch.

Luthers Kürze folgten die großen Dichter wie Goethe: In seiner Ballade vom Fischer sind drei Viertel der 170 Wörter einsilbig, in den Schluss-Zeilen fast alle:

„Sie sprach zu ihm, sie sang zu ihm;
Da war's um ihn geschehn;
Halb zog sie ihn, halb sank er hin
Und ward nicht mehr gesehn."

„Yes, we can" – Wenn Politiker in Kopf und Bauch ihrer Bürger und Wähler eindringen wollen, kennen sie die Wucht der Einsilber: „Blut, Schweiß, Mühe und Tränen" (im Englischen alle einsilbig). Auch das Volk kennt die Wucht: „Wir sind das Volk!" Was folgte war eine Revolution.

Nur wenige Sprachen können – wie die deutsche Sprache – aus beliebig vielen Hauptwörtern ein neues Wort bilden. Dieser Vorzug kippt schnell um und führt zu vielsilbigen Wortungetümen. Ein Beispiel: „Ampel" ist zweisilbig und verständlich – jeder hat sofort ein Bild im Sinn. Die bei Bürokraten beliebte „Signalzeichenanlage" hat sieben Silben und projiziert kein Bild in den Kopf, erst recht wenn sie zur „Unfallhäufungsstelle" wird.

Die zweite einfache Regel für einen guten Stil steht in der 17. Kolumne: „Kurze oder lange Sätze?"

8. DIE RICHTIGEN WÖRTER

„Und Gott, der HERR, macht den Menschen aus dem Erdenkloß, und er blies ihm den lebendigen Odem in seine Nasen. Und also wurde der Mensch eine lebendige Seele." So übersetzt Martin Luther vor einem halben Jahrhundert die Erzählung, wie Gott den Menschen erschaffen hat.

Erdenkloß? Also ein Klumpen? Wir wissen nicht, wie Luther auf diese seltsame Übersetzung kommt. Das hebräische Wort „Afar" bedeutet nicht Erde, sondern Staub. Luther hat schlicht falsch übersetzt, und wiederholt den Fehler in der Geschichte, in der Gott Adam und Eva aus dem Paradies vertreibt.

Diesem Fehler auf den Leim geht auch Goethe in seinem „West-östlichen-Divan", in dem er schreibt: „Hans Adam war ein Erdenkloß, den Gott zum Menschen machte."

Der Pfarrer, der bei einer Beerdigung am Grab spricht, vermeidet den Lutherschen Fehler, spricht nicht von Erde, wie es Luther tut, sondern so, wie es die Trauernden mögen: „Staub bist Du, und zum Staub kehrst Du zurück."

Auch in der aktuellen Bibel-Übersetzung finden die Autoren zu den Quellen zurück, dem hebräischen Urtext, um die Menschen nicht zu verwirren, die am Grab stets die Staub-Formel hören. Das richtige Wort ist immer das Wort, das stimmt. Der rechte Weg ist immer der zum Ursprung: Was hat einer wirklich gesagt? Was steht im Text? Was liegt unter der dicken Schicht von Veränderungen und Verdrehungen und Gerüchten?

Der Inhalt muss stimmen, und wenn die Wörter auch noch kurz sind, freut es den Leser. Aber diese Reihenfolge ist die Regel: Das richtige Wort zuerst, dann das kurze.

Luther hätte gut auf den Erdenkloß verzichten können: „Staub" ist kürzer und sinnlicher. Auch Luther schätzt den „Staub". Als Professor doziert er in einer Wittenberger Vorlesung über die Gottlosen: Sie wissen, „dass sie Staub sind, aber sie wollen sein wie Gott".

Am Tag des Wittenberger Thesen-Anschlags schreibt Luther dem Kurfürsten Albrecht von Mainz: „Eure Hoheit wolle daher so gnädig sein, ein Auge auf mich, der ich Staub bin, zu richten und meine Bitte nach Ihrer und der bischöflichen Milde gnädig entgegennehmen."

Da kriecht Luther vor dem Fürsten im Staub – und nicht in einem Erdenkloß.

9. DIE FALSCHEN WÖRTER

„Es ist vollbracht!", jubelte Leif-Erik Holm, der AfD-Spitzenkandidat in Mecklenburg-Vorpommern, als er vom Wahlerfolg seiner Partei hörte.

„Es ist vollbracht!", stand auf der Anzeigetafel in einem Bundesliga-Stadion, als die Heim-Mannschaft endlich den Aufstieg geschafft hatte.

Den Ausruf hat Luther geprägt. Er ist eines der sieben letzten Worte Christi vor seinem Tod, aufgezeichnet vom Evangelisten Johannes: „Da nun Jesus den Essig genommen hatte, sprach er: Es ist vollbracht. Und neigte das Haupt und verschied."

„Es ist vollbracht" ist also kein Jubelschrei, es ist der letzte Lebenshauch vor dem Tod. Er passt nicht für aufgekratzte Politiker und Fußballer, die nach Worten suchen für ihre Begeisterung.

In der griechischen Urfassung, die Luther übersetzt, steht ein einziges Wort: tetelestai. Darin steckt mehr als Tod, es verweist auf ein erfülltes Leben. Luther übersetzt an einer anderen Stelle „teleo" mit „vollenden": Nur wer einen Lebensplan und ein Lebensziel hat, kann sein Leben vollenden.

Alle Versuche, das „vollbracht" zeitgemäß zu formulieren, reichen nicht ans Original heran. „Am Ziel!" so überträgt es ein

Pfarrer in seiner Karfreitags-Predigt, ein anderer wählt „Vollendet!" oder das flapsige „Fertig! – Fix und fertig!"

Wer Jesu letzte Worte für einen Wahl- oder Fußballsieg nutzt, löst sie von ihrem Ursprung und verkehrt sie sogar ins Gegenteil. Es sind die falschen Worte.

Dies Schicksal vom verlorenen oder gar verdrehten Sinn teilen einige Wendungen, die Luther geprägt hat, wie auch „Die linke Hand weiß nicht, was die rechte tut". Heute nutzen wir das Sprichwort, wenn wir verärgert sind: Der Stellvertreter verlangt das Gegenteil von dem, was der Chef angeordnet hat.

Jesus mahnt mit diesen Worten in der Bergpredigt allerdings zur Bescheidenheit und warnt vor Weltverbesserern, die ihre Güte laut hinausschreien: „Wenn Du nun Almosen gibst, sollst Du es nicht ausposaunen, wie es die Heuchler tun, damit sie von den Leuten gepriesen werden. Wenn Du Almosen gibst, so lass Deine linke Hand nicht wissen, was die rechte tut."

10. LUTHERS HONIGWORTE

„Der Teufel ist den Sprichwörtern feind", schreibt Luther. Und immer wenn der Teufel im Spiel ist, versteht Luther keinen Spaß mehr. Die Sprichwörter waren ihm so lieb wie seine Bibel – und viele sind durch die Bibel inspiriert.

Den Pfeffer, der eine Wendung zum Sprichwort macht, den streut Luther. „Den Seinen gibt's der Herr im Schlaf" ist eines der beliebtesten Sprichwörter, das man aber so nicht in Luthers Übersetzung des 127. Psalms findet. Luther schreibt: „Denn seinen Freunden gibt er's schlafend."

Die aktuelle Bibelübersetzung nimmt Luthers Original auf und mischt es mit der sprichwörtlichen Wendung, die im Volk entstanden ist: „Es ist umsonst, dass ihr früh aufsteht und esset euer Brot mit Sorgen; denn seinen Freunden gibt er es im Schlaf."

Da hat das Volk im Laufe der Jahrhunderte an Luthers Übersetzung gefeilt – und nicht schlecht gefeilt.

Luther schätzt seine Sprichwörter. Eines soll er sogar mit Kreide hinterm Ofen geschrieben haben, so dass es immer vor Augen war: „Wer den Pfennig nicht achtet, der wird keines Guldens Herr." Den Gulden hat das Volk eingeschmolzen und in einen Taler verwandelt, und wir tun gut daran, ihn nicht in einen Euro zu tauschen. Der Taler ist eine Art Universalwährung, überall verständlich.

Wir nutzen Sprichwörter immer noch, selbst wenn die Wörter nicht mehr geläufig sind wie: „Einen unter die Fittiche nehmen". Fittich, das alte Wort für Flügel, kommt im 61. Psalm vor: „Ich will wohnen in Deiner Hütte ewiglich und trauen unter Deinen Fittichen." Dabei kennt Luther auch schon das neue Wort, die „Flügel", und übersetzt im 57. Psalm: „Unter dem Schatten Deiner Flügel habe ich Zuflucht." Es gibt im 16. Jahrhundert noch keine verbindliche Regel, wie Wörter zu schreiben sind. Der Duden lässt noch auf sich warten.

Luthers Kunst, Sprichwörter zu prägen, ist verführerisch. Katholische Priester und Theologen warnen ihre Gläubigen sogar vor den „Honigworten" Luthers – vergeblich. Sie setzen sich durch:

- *Die Letzten werden die Ersten und die Ersten die Letzten sein (Matthäus 20,16)*
- *Mit Engelszungen reden (1. Korintherbrief 13,1)*

- *Der Geist ist willig, aber das Fleisch ist schwach*
  (Matthäus 26,41)
- *In die Fußstapfen treten (1. Petrusbrief 2,21).*

11. LUTHER VERBALISIERT NICHT, ER SPRICHT

Schriftsteller und Journalisten kämpfen mit dem Wort „sagen". Wenn sie von einer Debatte im Bundestag berichten, nutzen sie „sagen" so oft, dass sie glauben, den Leser zu ermüden. Ist das wirklich so?

Luther hat bei der Übersetzung des Neuen Testaments mit seiner Hauptperson Jesus zu tun, die unentwegt etwas sagt; und er hat eine zusätzliche Schwierigkeit: Es gibt noch keine Anführungszeichen. „Dicens" stand in der lateinischen Übersetzung vor den wörtlichen Reden, also das Partizip „sagend".

Wie löst Luther das „sagend"-Problem? Der Übersetzer Josef Winiger schaut in die Sprachwerkstatt Luthers und entdeckt: Das Verb „sagen" wäre für Luther zu blass, er nimmt ein Wort mit feierlichem Unterton. „Luther erfindet die grandiose, fünf Jahrhunderte überdauernde Lösung mit ‚und sprach'."

„Er legte ihnen ein anderes Gleichnis vor und sprach …": Im Gleichnis vom Sämann sucht Luther nicht verzweifelt nach Synonymen: Wer spricht, der spricht eben – und wenn's fünfmal geschieht, dann steht in Luthers Übersetzung fünfmal dasselbe Wort.

Journalisten können von Luther lernen. Wenn ein Politiker immer wieder dasselbe sagt, adeln sie seine Einfallslosigkeit oft mit dem Wort „bekräftigen"; dabei ist die Kraft bei der dritten Wiederholung schon kraftlos geworden. Oder sie lassen ihn etwas „betonen", obwohl er nichts Wichtiges zu sagen hat. Bekräftigt oder betont wird aus der Not heraus, auf die Wiederholung von „sagen" verzichten zu wollen und Synonyme zu finden – ob sie passen oder nicht.

Bisweilen gebrauchen Journalisten einen Trick: Sie verzichten auf das „sagen" und nehmen eine Regung des Gefühls als Ersatz. „Die Kanzlerin lächelte: ‚Wir schaffen das!' Zwar ist Lächeln immer stumm, aber die Anführungszeichen machen deutlich: Die Kanzlerin sagt etwas und lächelt dabei.

Die meisten Synonyme für „sagen", die wir gebrauchen, sind kläglich – wie die modischen „austauschen", „verbalisieren" oder „kommunizieren"; oder die kommentierenden wie: „meinen", „erklären" oder „behaupten".

Schreiben wir wie Luther: Wenn einer spricht, dann spricht er. Wenn's sein muss: fünfmal!

12. LUTHERS STARKREGEN

„Himmel, Arsch und Starkregen!" ist ein schlapper Fluch, denn Starkregen ist – im Vergleich zu Himmel und Arsch – ein schwaches Wort. Doch „Starkregen" ist oft in den Nachrichten zu hören, wenn Flüsse über die Ufer treten und die Menschen vor Überschwemmungen gewarnt werden.

Dabei besitzen wir ein starkes Wort, ein treffendes Bild, ein Gefühls-Wort, das in Vergessenheit gerät und immer mehr dem „Starkregen" weicht: Wolkenbruch. Vor einem halben Jahrtausend schlüpfte es schon in die deutsche Sprache.

Martin Luther schwankt noch, gebraucht erst die damals geläufige „Wolckenbrust" – wenn er in seinen Tischreden gegen Rom wettert: „Da ist der Papst mit seinen schädlichsten Traditionen herein gefallen wie eine Wolkenbrust und Sündflut."

Das Sprachbild „Die Wolken brechen" wird zum Bild für eine große Zahl: „Hier hat es geschneit und geregnet, ja eitel Wolkenbrust gefallen mit Lügen und Bescheisserei" oder bei Tische: „Ein Hirte treibt eine ganz große Wolckenbrust von Milch, Butter und Käse in die Stadt."

Einige Jahre später wechselt Luther von der grammatisch weiblichen „Wolkenbrust" zum anfangs ebenso weiblichen „Wolkenbruch", wenn er dem Volk ins Gewissen redet: „Dich überfallen hier nicht allein Tropfen, sondern eitel Wolkenbrüche mit Sünden."

Paracelsus ist ein Zeitgenosse Luthers und ein berühmter Arzt. Als er vom Aufplatzen einer Wunde spricht, das er „Platz" nennt, vergleicht er es so: „Ein Platz geschieht wie ein Wolkenbruch." Und wenn sich drei Jahrhunderte später der Dichter Friedrich Hebbel seine Gedanken macht über die leere Speisekammer, schreibt er: „Hat man nichts zu Hause, so kommen die Gäste wie Wolkenbruch und Hagelschlag."

Neue Substantive zu bilden, ist ein Vorzug der deutschen Sprache: Buntes Papier wird zum Buntpapier, ein hohes Haus zum Hochhaus, ein kleiner Garten zum Kleingarten und starker Regen zum Starkregen – aber offenbar haben wir den „Wolkenbruch" vergessen, ein Bild, das unübertrefflich ist und es zu einem sprichwörtlichen Fluch gebracht hat: „Himmel, Arsch und Wolkenbruch", der ausnahmsweise nicht von Luther ist.

13. NEUE WÖRTER: VON PONTIUS ZU PILATUS

Wie erfindet man neue Wörter? Der Philosoph Peter Sloterdijk schenkt der Welt nahezu jede Woche neue Wörter wie „thymotisch" oder „Lethargokratie": Die Welt besteht für ihn aus hochgebildeten Menschen und Kulturredakteuren, die die Welt zwar nicht verstehen, aber unentwegt über sie nachdenken; sie freuen sich über Nebel-Wörter, in denen sie endlos stochern können, aber niemals klar sehen.

Auch Martin Luther, ein Anti-Sloterdijk, erfindet zu seiner Zeit viele neue Wörter. Doch Luthers Welt sind die einfachen Menschen: Seine neuen Wörter entstehen aus den Wörtern, die er beim Einkaufen hört, beim Metzger oder im Wirtshaus. In seinem „Sendbrief" nennt er die eigentlichen Schöpfer: „Die Mutter im Hause, die Kinder auf der Gassen, den gemeinen Mann auf dem Markt".

Die einfachen Leute, die Luther so schätzt, sind ähnlich erfinderisch wie der Meister. Sie lesen und hören seine Schriften und biegen sie, bis es kracht – wie in der Gerichtsszene mit Pontius Pilatus:

Pilatus will sich nicht mit Jesus abgeben, er sucht einen Ausweg. Was macht ein Politiker wie er? Er fragt: Bin ich zuständig? Pilatus schaut ins Organigramm der Macht und findet heraus: Jesu Heimat ist Galiläa, im Norden des heutigen Israel gelegen; sie gehört in die Zuständigkeit von König Herodes.

„Sie waren einander feind", schreibt Luther über die Beziehung von Pilatus und Herodes. Dennoch schickt Pilatus Jesus zu Herodes, der ihn richten soll. Das geht schief: Jesus schweigt, spricht nicht ein Wort mit Herodes, der ihn zurückschickt – und so eine wunderbare Freundschaft gründet. „Auf den Tag wurden Pilatus und Herodes Freunde miteinander", schreibt Luther.

Da wird einer von Pilatus zu Herodes geschickt, und nichts kommt dabei heraus. Was macht das Volk aus dieser Geschichte? „Da wird einer von Pontius zu Pilatus geschickt": Dies wird sprichwörtlich, aber hat mit der historischen Wahrheit nichts zu tun. Es ist ein Spiel mit der Sprache, das zeigt, wie sich Sprachbilder von ihrem Ursprung lösen und verselbständigen können, bis kaum mehr einer ihren Ursprung kennt.

14. DER PIESEPAMPEL

Luther schätzt Wörter, die singen – alle Wörter mit vielen Vokalen: „Da hanget und pampelt er zwischen himel und erden", schreibt er und nimmt das Baumeln als Bild für die schwankende Existenz des Menschen, der zweifelt und nicht so richtig weiß, für welche Welt er sich entscheiden soll. Bisweilen wird ihm diese Entscheidung abgenommen; dann pampelt er halt am Galgen.

Gut ein Dutzend Silben fasst dieser Satz – und alle besitzen einen Vokal. Ein Jazzmusiker würde ihn preisen: Der swingt, dieser Satz! Das „pampeln" ist eines dieser singenden Wörter, das aus unserer Sprache verschwunden ist. In den „Piesepampel" hat es sich noch gerettet, womit wir einen bezeichnen, der an allem herummeckert – der ewige Zweifler und Nörgler.

Weil Kinder singende Wörter mögen, taucht Piesepampel in Dagmar Chidolues Erzählung „Frau Piesepampel" auf und in

Peter Klusens Märchenspiel „Prinzessin Piesepampel". Aber auch Politiker mögen das Wort:

Als Barak Obama US-Präsident werden wollte, kam er auch nach Berlin und wollte vor dem Brandenburger Tor reden. Darauf reagierte der FDP-Vorsitzende Guido Westerwelle: „Vor dem Brandenburger Tor hat doch schon jeder Piesepampel reden dürfen." Das war ein schönes Wort, aber eine unschöne Geste.

In den siebziger Jahren tauchte der Piesepampel in einem Fall von Bonner Vetternwirtschaft auf: Der Wirtschaftsminister Karl Schiller beförderte einen Verwandten zum Präsidenten einer Bundesbehörde. Der in den Ruhestand abgeschobene Präsident reagierte erbost:

„Eine wissenschaftliche Institution, die in der ganzen Welt so außerordentlich geschätzt wird, mit einem so kleinen Piesepampel zu besetzen, nur weil's ein Schwager ist, das sollte doch einfach nicht möglich sein."

Schätzen wir also mit Luther schöne Wörter und lassen vor allem die Verben singen: „Wer ohne Gottes Wort lebt, der muss ohne Unterlass straucheln, irren und fallen", schreibt Luther in der „Auslegung vieler schöner Sprüche göttlicher Schrift, daraus Lehre und Trost zu nehmen". Straucheln, irren, fallen – drei Verben, die mit sechs Vokalen singen! Und das „pampeln" nicht vergessen.

15. DIE WÖRTER SINGEN

Nach dem Abendessen holt Luther die Laute hervor und singt mit seinen Freunden und Kindern. Er liebt die Musik, sie ist für ihn ein Geschenk Gottes.

Er schätzt alte Texte, allen voran die Psalmen und ihre Dichter, „die alles, was sie zu sagen hatten, in Gesängen ausdrückten". Wörter und Sätze seien am besten, wenn man sie singen kann: „Wo findet man feinere Worte der Freude, als die Lobpsalmen und Dankpsalmen haben? Da siehst du allen Heiligen ins Herz, wie in schöne, lustige Gärten, ja wie in den Himmel: wie feine, herzliche, liebliche Blumen darinnen aufgehen von allerlei schönen, fröhlichen Gedanken gegen Gott um seiner Wohltat willen."

In seinem Essay über die Psalmen, einem seiner schönsten Texte, lässt Luther die Sprache singen, wie es die Psalmdichter lehrten: „Da, wo sie von Furcht oder Hoffnung reden, brauchen sie solcher Worte, dass dir kein Maler die Furcht oder Hoffnung so abmalen und kein Cicero oder Redekundiger sie dir so schildern könnte."

Lasst das Volk singen! So übersetzt Luther die Psalmen, dass sie jeder verstehen und singen kann ohne „neue und am Hof üblichen Ausdrücke". Noch heute streiten die Experten, wie frei man übersetzen darf. Luther hat einen eindeutigen Standpunkt: „Das Volk soll möglichst einfache und gebräuchliche, reine und passende Worte singen. Deshalb muss man hier frei verfahren, wenn nur der Sinn gewahrt ist."

Sieben Lieder schreibt Luther nach Vorlagen aus den Psalmen wie „Eine feste Burg ist unser Gott" oder „Aus tiefer Not schrei ich zu dir; Herr Gott, erhör mein Rufen", zu dem er auch die Melodie komponierte.

„Wo findest du tiefere Worte der Traurigkeit als in den Klagepsalmen?", fragt Luther; er vergleicht das Leben mit einem „Scheißhaus" und lobt Gott, dass er – quasi als Ausgleich – solch edle Gaben wie den Gesang gegeben hat.

Luthers Lieder werden heute noch oft gesungen, auch in katholischen Kirchen. Auch in der DDR-Revolution sangen sie, als wäre es von Luther: „Komm, Herr, segne uns, dass wir uns nicht trennen".

16. SEIN UND HABEN: EIN LOB DER SCHLICHTEN VERBEN

„Ein jegliches hat seine Zeit, und alles Vorhaben unter dem Himmel hat seine Stunde." So predigt ein Philosoph, der sich „König zu Jerusalem" nennt, rund 300 Jahre vor Christi Geburt. Der Text dürfte, neben der Bergpredigt, der populärste der Bibel sein: Er raste unter dem Titel „Turn, turn, turn" an die Spitze der Hitparade, er elektrisierte die Atheisten in der DDR, als die Puhdys in den siebziger Jahren sangen: „Wenn ein Mensch lebt".

Luther greift in seinen Wörter-Korb, gefüllt mit kräftigen Verben, übersetzt den Psalm aus dem Buch Kohelet und wählt mit „haben" ein scheinbar schwaches Verb, das er 32 Mal wiederholt: „Lieben hat seine Zeit, hassen hat seine Zeit; Streit hat seine Zeit, Friede hat seine Zeit."

Gerade weil er die Kraft der Verben schätzt, überfordert er nicht die Sprache und benennt einfache Einsichten mit einfachen Worten. Der Philosoph Arthur Schopenhauer, ein würdiger Nachfolger Luthers, hat dies zur Methode gemacht: Mit gewöhnlichen Worten Ungewöhnliches sagen.

Hilfsverben, wenn man sie voll nimmt, sind kräftig: „sein" ebenso wie „haben". Schopenhauer wählt als Überschrift für die drei Kapitel seiner „Aphorismen zur Lebensweisheit": Von dem, was einer *ist* / Von dem, was einer *hat* / Von dem, was einer *vorstellt*.

Auch wenn Luther über Gott und den Teufel spricht, die im Zentrum seines Denkens stehen, vertraut er dem einfachen „ist" und wiederholt es eifrig: „Alle Gotteswerke sind gut, denn Gott ist gut und schafft nichts, als was gut ist. Der Teufel aber ist böse, deshalb richtet er, wo Gott es ihm zulässt, nichts Gutes an."

Viele Sätze aus dem Buch Kohelet hat Luther gewöhnlich übersetzt. Sie wurden zu Aphorismen:

- *Alles ist eitel und Haschen nach Wind.*
- *Es ist besser zu zweien als allein.*
- *Ein guter Ruf ist besser als gute Salbe.*
- *Bitterer als der Tod ist eine Frau, die ein Fangnetz ist und Stricke ihr Herz und Fesseln ihre Hände.*
- *Ein lebender Hund ist besser als ein toter Löwe.*
- *Des vielen Büchermachens ist kein Ende.*

DIE SÄTZE

17. KURZE ODER LANGE SÄTZE?

Wie hält es Luther mit den Sätzen? Wie bei den Wörtern: Je kürzer, desto besser?

Moderne Sprachtrainer propagieren kurze Sätze, weil in unserer Welt alles schneller werde: Filme haben hektische Schnitte und Bücher abgehackte Sätze; Comics schätzen Gestammel: aääh, bäh, brumm, gähn, plopp, urg. Ein Ratgeber für Blog-Schreiber im Internet rät: „Der kurze Satz gewinnt!"

Nun lebte Luther ein halbes Jahrtausend vor dem Internet. In einem hätte er sich mit den Bloggern und Twitterern verbrüdern können: Schreibt so, dass die Leute Euch verstehen! Doch dafür braucht man keine kurzen Sätze.

In der Lukas-Geschichte der Kreuzigung bildet Luther immer wieder Sätze mit mehr als zwanzig Wörtern, etwa: „Die Männer aber, die Jesus hielten, verspotteten ihn und schlugen ihn, verdeckten ihn und schlugen in sein Angesicht und fragten ihn und sprachen ... "

Warum stört uns die Länge nicht? Warum klingt's wie ein kurzer, gut verständlicher Satz? Nicht die Zahl der Wörter entscheidet über die Verständlichkeit, sondern vor allem die Zahl der Silben. In der Folter-Geschichte hat die Hälfte der Wörter nur eine Silbe; gerade mal drei Wörter haben drei.

Je kürzer ein Wort, desto einprägsamer ist es: „Recht und schlecht" geht sofort in den Kopf, eine Wendung aus dem alttestamentlichen Buch der Sprüche. Aber nicht der Geiz mit den Silben allein schafft attraktive Sätze. In der Folter-Szene finden wir nur einen Nebensatz mit gerade mal drei Wörtern. Der Hauptsatz dominiert, in ihm erzählt Luther eine komplette Geschichte und erzeugt mit dem Stakkato der Aufzählung eine Atmosphäre des Schreckens – ohne ein einziges Adjektiv.

Maximal 30 Wörter – das ist Luthers Faustregel für einen verständlichen Satz. Also dürfen attraktive Sätze auch lang sein. Noch ein Beispiel: Ein 24-Wörter-Satz aus der Leidensgeschichte, der sogar mit einem Nebensatz beginnt: „Und als es Tag wurde, sammelten sich die Ältesten des Volks, die Hohenpriester und Schriftgelehrten, und führten ihn hinauf vor ihren Rat und sprachen ..."

Das sind Luthers Grundregeln für einen attraktiven Stil: Erstens – Kurze Wörter mit wenigen Silben; Zweitens – Hauptsätze, nicht kurz, aber ohne lange eingepferchte Nebensätze.

18. DER ERSTE SATZ

„Dem Teufel ist an dem jungen Volk, es zu verderben, ganz und gar gelegen." Was für ein Anfang! In Luthers „Christlichem Wegweiser für jeden Tag" ist es am 28. September der erste Satz, der sich auf eine nicht minder turbulente Bibelstelle in der Offenbarung bezieht:

„Und der Drache trat vor die Frau, die gebären sollte, damit er, wenn sie geboren hätte, ihr Kind fräße."

Wie kann man zu Luthers Zeiten die Menschen schneller einfangen als mit dem Teufel, der in den Köpfen spukt und größere Angst auslöst als heute Terror, IS und Klimakatastrophe zusammen?

Was Luther beherzigt, fasst der Hollywood-Produzent Samuel Goldwyn in eine Anweisung an seine Drehbuch-Schreiber zusammen: „Mit einem Erdbeben anfangen und langsam steigern." Es muss kein Erdbeben sein, aber Goldwyn weiß, dass man die Menschen gleich packen muss – ob im Film oder einem Roman oder einer Reportage.

Das proklamierten Luther und Goldwyn in Zeiten, als das Sehen und Lesen noch langsam ablief. Wer heute im Internet einen schwachen ersten Satz anbietet, hat gleich seine Leser verloren. Der erste Satz muss überraschen, neugierig machen, eben den Leser ansprechen wie es der Philosoph Rousseau tat: „Der Mensch ist frei geboren und liegt doch überall in Ketten."

Diese Dichter folgten dem Beispiel Luthers:

- *„An einem Junimorgen des Jahres 1872 schlug ich meinen Vater tot – eine Tat, die damals tiefen Eindruck auf mich machte"* (Ambrose Bierce ganz im Sinne Luthers).
- *„Wer reitet so spät durch Nacht und Wind?"* (Johann Wolfgang von Goethes „Erlkönig").
- *„In den alten Zeiten, wo das Wünschen noch geholfen hat, lebte ein König, dessen Töchter waren alle schön..."* („Der Froschkönig" in der Sammlung der Brüder Grimm).

Luther lebt in unruhigen und ängstlichen Zeiten, als das Wünschen nicht mehr geholfen hat: Wie kann er die Leser in seinem „Wegweiser" besser einfangen als mit dem Hinweis auf ihr Schicksal! Und mit Bildern aus dem Alltag: „Ein Christ führt so ein schweres Leben, als ginge er auf einem schmalen Steg, ja auf eitel Schermessern."

19. DIE „UND"-MAROTTE

Zur sprachlichen Meisterschaft schwingt sich Luther auf der Wartburg empor – in der Übersetzung der biblischen Geschichte, die ihn am meisten beeindruckt, die sein Leben und seinen Glauben prägt: Das Leiden Christi. In der Geschichte vom Sterben adelt er sogar ein unscheinbares, keinen Sinn tragendes Wort: das „und". Viele Sätze beginnt er so:

„Und als er zu Jerusalem einzog"; „Und als er in den Tempel kam"; „Und als er auf dem Ölberg saß" – und, und, und.

Luther hat eine „Und"-Marotte – und eine „Da"-Marotte. Wenn er einen Absatz nicht mit „Und" beginnt, nutzt er oft das „Da", ebenso unscheinbar und sinnfrei:

„Da versammelten sich die Hohenpriester und Schriftgelehrten"; „Da ging hin der Zwölfen einer mit Namen Judas"; „Da sie aber aßen, nahm Jesus das Brot, dankte und brach's und gab's den Jüngern"; da, da, da.

Luther ist mehr als ein Übersetzer, er ist ein Dichter, ein großer dazu. Dichter haben ihre Eigenarten, ihre eigene Meisterschaft, ihren eigenen Stil, der meist kaum zu erklären ist: Er ist, wie er ist. Wer ihn kopieren will, macht sich lächerlich.

Es gibt allerdings eine Szene in der Leidensgeschichte, in dem Luther „und" eine erkennbare Funktion gibt: Es steigert die Dramatik immer weiter und weiter. Sie beginnt mit einem kurzen Satz: „Aber Jesus schrie abermals laut und verschied." Auf das „laut" hätte Luther sogar verzichten können, denn – wie soll einer leise „schreien"?

Es folgen zwei Sätze, in denen wir achtmal „und" lesen – und eine Spannung erzeugt wird wie in einem Kriminalroman:

„**Und** siehe da, der Vorhang im Tempel zerriss in zwei Stück von oben an bis unten aus. **Und** die Erde erbebte, **und** die Felsen zerrissen, **und** die Gräber taten sich auf **und** stunden auf viele Leiber der Heiligen, die da schliefen, **und** gingen aus den Gräbern nach seiner Auferstehung **und** kamen in die heilige Stadt **und** erschienen vielen."

Man muss den Satz laut lesen: Was für ein Rhythmus! 41 Wörter in einem Satz – auch ein Beispiel für einen langen, aber gut verständlichen Satz, dem die „Und"-Marotte zusätzlich gut tut. Meisterhaft!

20. DEM GENITIV SEIN FREUND

„Wenn ich mit Menschen- und mit Engelzungen redete und hätte **der** Liebe nicht, so wäre ich ein tönendes Erz oder eine klingende Schelle." Dieser Satz aus dem „Hohelied der Liebe", zu lesen im ersten Korinther-Brief des Paulus, ist ein beliebter Bibelsatz.

Doch populär ist er nicht in Luther Übersetzung, wie eingangs zitiert, sondern in der falschen von 1975: „Wenn ich mit Menschen- und mit Engelzungen redete und hätte **die** Liebe nicht." Es geht um drei Buchstaben: „der" oder „die". Kann der Tausch von „der" Liebe – also einem Genitiv – in „die" Liebe – einem Akkusativ – die Bedeutung beeinflussen?

Ja – und ob: Luther nimmt einen Genitiv partitivus, der heute selten geworden ist: Der Genitiv des Teilens. Luther meint also nicht die Liebe im Allgemeinen, sondern einen Teil dieser Liebe, er meint die Liebe Gottes.

So wählt Altbischof Christoph Kähler für die Lutherbibel von 2017 wieder die ursprüngliche Fassung: „An der Liebe Gottes kann ich nur partizipieren. Deshalb wurde, obwohl es zunächst befremdlich klingt, der Genitivus partitivus wieder eingesetzt."

Da der Genitiv heute weder beliebt noch üblich ist, schlägt Kähler noch eine andere Übersetzung vor: „... hätte keinen Anteil an der Liebe." Aber damit, so Kähler, wären die Poesie und der Rhythmus zerstört.

Luther war ein Freund des Genitivs. In einer Predigt übersetzt er „Ein Jegliches hat seine Zeit", den berühmten Spruch Salomons, so: „Bisher ist's Friedens Zeit gewesen, nun ist's Streitens Zeit, bisher Prassens und Prangens Zeit, nun aber Sorgens und Mühens Zeit."

Statt Luthers „Ich vergesse deines Gesetzes nicht", formuliert die neue Übersetzung des Psalms „Dein Gesetz vergesse ich nicht." Und statt: „Wer ein Weib anschaut, ihrer zu begehren", lesen wir in der Übersetzung von 2017: „Wer eine Frau ansieht, sie zu begehren, der hat schon mit ihr die Ehe gebrochen." Luthers „Weib" ist verwandelt in eine „Frau" und der Genetiv in den Akkusativ „sie zu begehren".

So klingt's eben modern: Der Akkusativ ist dem Genitiv sein Tod.

21. DAS HINKENDE VERB

„Denn siehe, ich will dich aus fernen Landen und deine Nach-
kommenschaft aus dem Lande ihrer Gefangenschaft erretten",
tröstet der Prophet Jeremias die Israelis. Was für ein Satz! Zwischen „will" und „erretten" stehen zwölf Wörter – und der Leser bleibt lange ihm Unklaren, was der Herr denn will.

Der zweite Teil des Verbs – „erretten" – hinkt nach, der Teil,
der den Sinn schafft. Das hinkende Verb ist eine Eigenart der
deutschen Sprache. In der englischen bleiben die beiden Teile
des Verbs stets zusammen, „will" und „retten" bilden ein Paar;
so übersetzt die King-James-Bibel: „O Israel: for, behold, I will
save thee."

Das hinkende Verb zählte Mark Twain zu den „Schrecken
der deutschen Sprache", und Luther hätte ihm zugestimmt.
Luther denkt an den Leser, vor allem an den Zuhörer, und zieht
durchweg die Verb-Teile zusammen: „Denn siehe, ich will dich
erretten aus fernen Landen ..."

Das ist auch heute grammatisch korrekt, gut verständlich
und zu empfehlen. Journalisten könnten sich ein Beispiel an
Luther nehmen – etwa auf der Titelseite der FAZ, der Zeitung
der klugen Köpfe: „Der Bundestag hat einen für diesen Don-
nerstag angesetzten Beschluss über die Neuregelung von Arz-
neimitteltests an Demenzkranken abgesetzt."

Dreizehn Wörter zwischen „hat" und „abgesetzt" lassen den
Leser im Unklaren, ob der Beschluss umgesetzt wird, konkreti-
siert, verschoben oder abgesetzt.

„Das Schwert soll kommen über die Chaldäer und über die
Einwohner von Babel und über seine Fürsten und über seine

Weisen": Ließe Luther das „kommen" nachhinken, hätten siebzehn Wörter lang die Zuhörer rätseln müssen, was der Herr denn mit dem Schwert anrichten wolle.

Wenn gar zusammengesetzte Verben geteilt werden, kann es kurios werden: „Da machte sich auch Josef aus Galiläa, aus der Stadt Nazareth, in das judäische Land zur Stadt Davids, die da heißt Bethlehem, auf." Das klingt schräg, und Luther mag es nicht: Er zieht das „auf" nach vorne: „Da machte sich auf auch Josef" – und schon hinkt nichts mehr nach.

VERSTÄNDLICHKEIT

22. WER VERSTEHT LUTHER NOCH?

„Der Hieb der Geißel macht Striemen; aber der Hieb der Zunge zerschmettert Knochen." Dieser Satz aus dem Buch Jesus Sirach ist einer von Wolf Schneiders Lieblingssprüchen: „Den verstehen auch heute 14-Jährige noch", sagt er.

Hat Sprachpapst Schneider Recht? Oder ein Skeptiker wie der Pfarrer und Krimi-Autor Felix Leibrock: „Es ist schon fast ein Ritual, Luthers Übersetzungen zu loben. Ich habe ein Problem mit Luthers Sprache. 13- und 14-jährige Konfirmanden heute verstehen sie nicht mehr."

Beide haben Recht: Wer Luther Wort für Wort übernimmt, irritiert nicht nur junge Leute. Luther spricht wie die Menschen vor 500 Jahren, und er spricht für diese Menschen, nicht für die Smartphone-Generation von heute.

Pfarrer Leibrock nennt ein Beispiel: Wer weiß noch, was mit dem „Scherflein der Witwe" gemeint ist? Der Evangelist Markus erzählt von Jesus: Der beobachtet die Reichen, die viel Geld spenden, und eine arme Witwe, die „zwei Scherflein einlegte; das ist ein Heller", so die aktuelle Übersetzung, eng an Luthers Worten angelehnt.

Der Pfennig zu Luthers Zeit hieß in Erfurt „Scherf". Der Duden listet das „Scherflein" immer noch auf, wenn auch als „veraltet": Es wird verstanden, wenn auch nur selten gesprochen. Junge Leute mögen oft solch alte Wörter und spielen sie mit Lust gegen die Sprache der Alten aus. Man lausche nur ihren Liedern und Gesprächen.

Sollten wir also das Scherflein durch den Cent ersetzen?

Nein, was verständlich ist, das bleibt. Was unverständlich ist, wird übersetzt – so wie es Luther in seiner Zeit auch gemacht hat. Und Luthers Regeln bleiben, wie man verständlich schreibt und spricht – so wie er es verschwenderisch im „Buch Jesus Sirach" nutzt und dabei tobt, als bräche ein Sprachvulkan aus:

„Den Verleumder und Doppelzüngigen soll man verfluchen; denn er richtet viele zugrunde, die in Frieden leben. Wer Gerüchte verbreitet, bringt viele Leute zu Fall und vertreibt sie aus einem Land ins andre. Wer auf Gerüchte hört, hat keine Ruhe mehr und kann nicht in Frieden leben."

Wie wäre es mit diesen Sätzen auf einer Pegida- oder AfD-Versammlung?

23. SPEISEN UND REDEN UND ARBEITEN

Martin Luther hat das Arbeitsessen erfunden, diese seltsame Form der Arbeit, bei der sich Manager und Unternehmer in einem Restaurant treffen, Spesen fürs Finanzamt machen und Geschäfte vereinbaren. Passt das überhaupt zusammen: Arbeiten und essen?

Es passt, sagt Luther, der gut und viel speist und gut und viel redet. Zu den Mahlzeiten im Wittenberger Haus kommt nicht nur die große Familie zusammen mit Muhme Lene, sondern es kommen auch Freunde, Studenten und Gäste auf der Durchreise. Luther stellt Fragen, diskutiert – bis Frau Käthe die Tischgenossen ermahnt, das Essen nicht zu vergessen.

Der Zwickauer Pfarrer Konrad Cordatus, der ein Jahr in Wittenberg zu Gast ist, fängt an, Luthers Reden mitzuschreiben – wie ein Journalist. Luther gefällt das – und von da an schreiben viele mit und lassen die Tischreden drucken: Sie füllen heute sechs Bände der Weimarer Ausgabe.

Oft spricht Luther über das Wort, und er meint das göttliche Wort, wie es in der Bibel steht. „Ach, dass ich ein guter Poet wäre, so wollte ich gern ein köstlich Lied oder Gedicht davon machen. Denn ohne das Wort ist alles nichts. Deswegen bindet uns Gott an sein gesprochenes Wort."

Luther rühmt sich, er lese die Bibel jedes Jahr zweimal komplett und malt mit Worten ein Bild, das sich jeder am Tisch vorstellen konnte:

„Wenn die Bibel ein großer mächtiger Baum wäre und alle Worte die Ästlein, so habe ich alle Ästlein abgeklopft und wollte gerne wissen, was daran wäre und was sie trügen. Und allezeit habe ich noch ein paar Äpfel oder Birnen heruntergeklopft."

Luther nimmt sich in den Gesprächen bei Tisch nicht allzu wichtig, was umso erstaunlicher ist angesichts der Fülle an Schriften, die er hunderttausendfach drucken lässt. Er beklagt die Menge an Büchern und Schriftstellern und schließt seine eigenen mit ein: „Ich möchte wünschen, dass all meine Bücher begraben wären. Denn sonst will mir ein jeder nachfolgen. Sie wollen dadurch berühmt werden, gleichsam als wäre Christus um unseres eitlen Ruhmes willen gestorben."

24. HINWEG MIT DEN FLOSKELN!

Die Wochen vor Ostern sind eine besondere Zeit: Die einen kaufen Marzipan-Hasen und süßen Stuten im Supermarkt, die anderen fasten, und manche betonen sogar: „Das hat nichts mit Religion zu tun." Einige wenige hören Bachs Matthäus-Passion.

Wer in Luthers Übersetzung der Folter- und Hinrichtungs-Geschichten schaut, lernt gutes Deutsch: Verständlich, einfach und schön. Luther bläht die Sprache nicht auf wie viele seiner Epigonen. Mit gerade mal neun Wörtern lässt er die Geschichte des Leidens beginnen, neun Wörter des Verrats: „Was wollt ihr mir geben? Ich will ihn euch verraten."

Das ist Luthers Sprach-Stil:

- Die Wiederholung: Zweimal: wollt/will; zweimal: ich/mir; zweimal: ihr/euch.
- Das Gewicht der Verben: Zwei Verben, darunter das starke „verraten", das die Handlung treibt.
- Kein Substantiv: „verraten" statt Verrat, denn Verben sind stärker.

Knapper geht es nicht; die meisten Krimi-Autoren brauchen zig Seiten, um einen Verrat zu erzählen und aufzublähen. Ihnen wie Politikern, Journalisten, Managern und Theologen sei empfohlen, bei Luther in die Schule zu gehen.

Selbst in einem Buch wie Margot Käßmanns „Schlag nach bei Luther" ist das Vorwort voller Floskeln und Blähungen, unter denen Luther schon physisch litt. Über Luther, „den meistgelesenen Autor seiner Zeit", schreibt Käßmann, als müsse sie alle Allgemeinplätze in einen Satz packen: „Martin Luther bleibt im Zentrum des Geschehens, so sehr er auch durch andere Personen und gewiss durch die geschichtlichen Umstände geprägt wurde."

„Pompöses Wortgeklingel" nennt Wolf Schneider solch „Imponierjargon". Doch ohne Floskeln kommen wir offenbar nicht aus, selbst Luther neigte dazu: „Und es begab sich, da Jesus alle diese Reden vollendet hatte, sprach er zu seinen Jüngern." Da schwätzt er wie ein Radio-Moderator, der die Überleitung sucht vom Liebeslied zur Trauer-Ballade.

Das spürt auch der Komponist Johann-Sebastian Bach. An einer Stelle in seiner Matthäus-Passion lässt er Luthers Geschwätzigkeit nicht zu: „Und es begab sich". Er streicht es einfach.

25. WER LIEST, DER HÖRT

Wer heute Luther liest, bekommt seine Bibel, Predigten und Schriften in einer gefälligen Sprache: Schreibweise, Grammatik und Wahl der Wörter entsprechen dem Duden – sind also 21. und nicht 16. Jahrhundert. Nur selten wird uns Luther so präsentiert, wie er wirklich geschrieben hat. Eine Ausnahme macht der Theologe Reinhard Schwarz:

In seinem 550 Seiten starken Werk „Martin Luther – Lehrer der christlichen Religion" zitiert er Luther durchweg im Originalton, wie in dieser Auslegung eines Psalms, von der Wartburg aus geschickt dem „armen heufflin Christen tzu Wittembergk":

„Solt nit groß schand seyn, das ich odder du eyn Christen genennet were und wisset nit, was ich gleubt?"

Das kann doch heute keiner mehr lesen, geschweige denn verstehen! Oder doch? Schwarz gibt in seinem Vorwort eine Gebrauchsanweisung:

„Die Texte in Luthers Deutsch können selbst Ungeübte leichter lesen, als der erste Eindruck vermuten lässt. Die Schwierigkeit verschwindet, sobald man die Texte halblaut liest und dabei den Reiz dieser Sprache entdeckt."

Halblaut lesen? Wer abends durch eine konzentriert arbeitende Redaktion geht, hört ein leises, angenehmes Murmeln. So ist es auch aus mittelalterlichen Klöstern überliefert:

Wenn der Abt seine Mönche kontrollierte, ob sie in der Bibel lesen, dann lauschte er. „Warum liest du nicht!", tadelte er den Mönch. „Aber ich lese doch!", antwortete dieser. Der Abt schüttelte nur den Kopf: „Ich höre ja nichts!"

Wer liest, spricht also zu sich und hört sich zu. Wer's üben will, folge Luther, wobei ihm Reinhard Schwarz hilft: Er setzt unverständliche oder in die Irre führende Wörter in eine Klammer – wie hier:

Es ist eyn grewliche große schmach und laster wider die heylige schrifft und alle christenheyt, ßo man sagt, das die heylige schrift finstersey und nit ßo klar, das sie yederman mug (:kann) vorstehen, seynenn glawben zu leren (:lernen) und beweßen.

26. STOLPERFREI REDEN UND LESEN

„Ein Prediger soll Zähne im Maul haben, beißen und salzen und jedermann die Wahrheit sagen", fordert Luther und brennt ein Feuerwerk der Verben ab: Er lässt Gottes Wort „donnern und blitzen und stürmen und dreinschlagen, dass es raucht". Und damit nicht genug: Gottes Wort „zerschmettert alles, was groß, stolz und ungehorsam ist".

Luther ist ein charismatischer Prediger; er gibt Ratschläge, wie man am besten predigt – Ratschläge, die auch für den Schreiber nützlich sind. Denn Schreiben und Sprechen ist eins: Wir schreiben immer für die Ohren!

So konnte selbst der im Alter taube Beethoven seine Musik hören, wenn er die Noten schrieb oder las. Beethoven las das gestrichene „a" in seinen Noten und hörte den Kammerton. Wenn wir als Leser den Buchstaben „a" sehen, setzt ihn unser inneres Ohr in den Laut „a" um.

Wissenschaftler entdecken dies mit ihren feinen Instrumenten: Wenn wir lesen, können wir elektrische Spannungen messen – im Ohr und in der Region unseres Gehirn, die das Hören beheimatet, und sogar in der Zunge. Wohlgemerkt: Beim Lesen!

So gelten Regeln für Redner auch für den Schreiber, etwa die: Komme ich beim Lesen ins Stocken und muss ein zweites Mal anheben, um stolperfrei zu lesen, dann stimmt der Satz nicht – weil auch mein Leser, der zudem keinerlei Vorkenntnis hat, ins Stocken geraten wird und nicht weiterliest.

Luthers oberste Regeln für den Prediger: Werde konkret! Gib Beispiele! „Denn die bewirken, dass man die Rede klarer versteht, auch viel leichter behält." Das ist ein Plädoyer fürs

Erzählen, das Luther meisterhaft beherrscht. Nur wer erzählt, bewegt das Herz: „Es ist ein sehr köstliches Ding um die Geschichte."

Wer erzählt, wird verstanden – anders als die Redner, die Luther „anmaßende Klüglinge" nennt: „Sie sind dem Ikarus gleich, der in den Himmel fliegen wollte; wie man sagt: Willst du sicher wandeln, so fliege nicht zu hoch. Fliegst du zu hoch, so verbrennst du die Federn."

27. ACHT REGELN FÜR PREDIGER UND SCHREIBER

Luther ist ein kluger Plauderer, der bei Tisch erklärt, wie man am besten predigt. Von den Tugenden für einen Redner passen die meisten auch auf den guten Schreiber:

1. „Er soll beredt sein": Er muss wissen, wovon er schreibt und spricht. „Der Kenntnis der Dinge folgt die Kunst des Redens." Es reicht nicht, schön zu schreiben und „ohne Kenntnis der Dinge durch Kunstgriffe glänzen zu wollen".

2. „Er soll allgemeinverständlich predigen und seine Zuhörer nicht durch zu große Wortfülle beschweren."

3. Er soll schlicht sprechen. Luther spricht von „einfältigen Predigern", die seien die besten: „Albrecht Dürer, der berühmte Maler zu Nürnberg, pflegte zu sagen: Ich habe keine Lust zu Bildern, die mit viel Farben gemalt wurden."

4. Er soll nicht zu lang reden: „Eine lange Predigt ist mir verhasst, denn die Begier zuzuhören wird dadurch bei den Zuhörern vernichtet, und die Prediger tun sich selbst schaden." Ein guter Redner hört auf, „wenn man ihn am liebsten hört und meint, es werde erst kommen; wenn man sagt: Er war in das Schwätzen gekommen, so ist's ein böses Zeichen."

5. Er soll für die Zuhörer predigen. „Ein Prediger soll sich nicht selbst beurteilen, ob er wirkungsvoll gepredigt habe oder kalt, sondern die Zuhörer." Der Verleger Hubert Burda hat den Lutherschen Gedanken so übertragen: Der Wurm muss dem Fisch schmecken, nicht dem Angler. – „Bei den Zuhörern steht das Urteil", sagt Luther.

6. Er soll „fein langsam reden", das bedeutet: Schreib so, dass der rote Faden nicht verlorengeht und die Leser folgen können. „Seneca schreibt von Cicero, dass er langsam und ins Herz geredet hat."

7. Er soll die Gedanken ordnen! Er soll den Text gliedern! „Das ist ein närrischer Prediger, der da meint, er will alles sagen, was ihm einfällt."

8. „Er soll sich von jedermann verspotten lassen." Diese Regel bleibt dunkel – und soll wohl bedeuten: Schreibe die Wahrheit! Denke nicht an deine Kritiker! Sei authentisch! – heißt das aktuelle Modewort.

28. DENGLISCH BEI LUTHER?

Jesus weiß, seine letzten Stunden brechen an, und er spricht mit seinen Jüngern, wie es weitergehen soll: „Der heilige Geist wird euch alles lehren und euch alles erinnern, was ich euch gesagt habe", so übersetzt Luther den Satz aus dem Johannes-Evangelium. Da zücken die Deutschlehrerinnen den roten Stift: Falsch! Korrekt ist „erinnern" nur mit der „an"-Präposition: „Und euch **an** alles erinnern."

In der aktuellen Luther-Bibel haben sich die Übersetzer an ihre Deutschlehrerinnen erinnert und das „an" hinzugefügt. Hat Luther also einen Fehler gemacht? Nein, auch an anderen Stellen – wie in einer Predigt – nutzt Luther „erinnern" ohne Präposition: „Wer das Wort hört: ‚Gebet dem Kaiser, was des Kaisers ist', soll sich des Schwures erinnern, den er seiner Obrigkeit getan hat."

Schreibt heute ein Journalist „erinnern" ohne Präposition, wird er verdächtigt, Denglisch zu mögen. In der Tat sind die Engländer beim „erinnern" Lutheraner geblieben: „I'll always remember that day", wörtlich übersetzt: „Ich werde immer dieses Tages erinnern."

„Erinnre mich nicht jener schönen Tage", schreibt nicht Luther, sondern Goethe in der „Iphigenie auf Tauris" – drei Jahrhunderte später. Müssen wir Goethe verdächtigen, Denglisch zu schreiben? Nein, zu Goethes Zeiten brachen nicht englische, sondern französische Wörter in die deutsche Sprache ein. Jede Zeit hat ihre Sprachmoden.

Zu Luthers Zeit gibt es keinen Duden: Man schreibt, wie man spricht – und achtet nur darauf, verständlich zu schreiben. So lesen wir auch in den Luther-Gesprächen, die einer bei Tisch aufgeschrieben hat, „erinnern" mit Präposition:

„Die Prediger, die alles sagen wollen, was ihnen einfällt, erinnern mich an die Mägde, die zu Markte gehen. Wenn ihnen eine andere Magd begegnet, so halten sie mit ihr einen Ständerling. Begegnet ihnen die zweite Magd, so halten sie mit der auch ein Gespräch ... Erst mit der vierten kommen sie so langsam zu Markte. So tun die Prediger auch, die zu weit von ihrem Thema abgehen, sie meinen, sie wollten alles gerne auf einmal sagen; aber es geht nicht!" Ohne Duden ist alles noch möglich – und richtig.

29. ABRAHAM, KUCKUCK UND NACHTIGALL

Was soll Luther schon anfangen mit der Terebinthe: Ein Baum, der warmes Klima mag und weder im Mansfelder Land noch in Wittenberg zu entdecken ist?

Unter dem Schatten dieses Baumes ereignet sich in der Mittagshitze eine der bewegenden Geschichten der Bibel: Gott verspricht dem alten Abraham, seine Ehefrau Sara werde ein Kind bekommen. Sie hört es hinter der Küchentür und lacht: „Nun da ich alt bin, soll ich noch Wollust pflegen."

Nicht die Wollust, neudeutsch „Liebeslust", bereitet den Übersetzern Probleme, sondern der Baum. In der „Einheitsübersetzung" der katholischen Kirche wie in der ökumenischen „Guten Nachricht" wird aus der Terebinthe, dem typischen Baum der Bibel – eine deutsche Eiche.

Mitte des 18. Jahrhunderts reist der Forscher Abraham von Noroff nach Palästina und sucht nahe Hebron den Ort der

„rührenden Erzählung" um Abraham und Sara. Er findet den Baum, nennt ihn die „palästinische Eiche", und stellt klar: Sie wird oft mit der europäischen Eiche verwechselt.

Luther, der aus dem Hebräischen übersetzt, ist vorsichtiger: Er lässt den Baum Baum sein, wählt ein Wäldchen als Ort des göttlichen Besuchs und schreibt, so auch die aktuelle Übersetzung: „Der Herr erschien ihm im Hain Mamre, während er an der Tür seines Zeltes saß, als der Tag am heißesten war."

Luther weiß: Ich kann die alten Texte nicht Eins zu eins ins Deutsche übertragen. Für ihn ist Übersetzung immer auch Interpretation – oder wie seine Gegner unterstellen: Manipulation. Luther will Zuhörer und Leser gewinnen, nimmt ihre Perspektive ein und geht von ihrem Alltag aus: Menschenversteher und Missionar in einem.

„Lieber Gott", schreibt er mit einer Portion Lutherschen Ironie, „ein wie großes und beschwerliches Werk ist es, die hebräischen Schriftsteller zu zwingen, deutsch zu reden. Sie sträuben sich, wollen ihre hebräische Art nicht aufgeben und sich der deutschen Barbarei nicht fügen. Das ist so, als ob eine Nachtigall gezwungen würde, ihre überaus wohllautende Weise aufzugeben und den Kuckuck nachzuahmen, dessen eintönige Stimme sie verabscheut."

SINN UND FORM

30. DER ANFANG

Wie wichtig ist das Wort? Martin Luther übersetzt den ersten Satz des Johannes-Evangeliums: „Im Anfang war das Wort, und das Wort war bei Gott, und Gott war das Wort." Was für ein Brocken!

Frühe Bilder stellen Johannes als Adler dar, der aufsteigt, in die Sonne schaut und nicht erblindet. Dagegen blieben die anderen Evangelisten bodenständig: Matthäus, Markus und Lukas sind Chronisten, die von Christi Leben erzählen und mit Jesu Stammbaum beginnen, seiner Geburt oder Taufe.

Johannes also stellt das Wort an den Anfang mit einem oft zitierten Satz der Bibel, der uns heute noch prägt: Unsere Kultur ist eine Wort-Kultur, unser Land eher ein Wort-Land denn ein Abend-Land. Selbst die bisweilen geschmähte digitale Welt mit Tablets und Smartphones schätzt das Wort: Noch nie haben die Menschen unentwegt so viel geschrieben, seien es Mails oder Tweets oder „WhatApps".

Die Dichterin Rose Ausländer, geboren in der Bukowina, schrieb ein Gedicht ganz in Luthers Sinn – vom Wort als Heimat: „Und Gott gab uns / das Wort / und wir wohnen / im Wort / Ist es bewohnbar / nehm ich es auf."

Die Jüdin überlebte die Nazis und verlor in ihrem Leben drei Vaterländer: „Ich lebe / in meinem Mutterland / Wort." Das Wort bleibt, wenn alles andere im Feuer untergeht.

Luther wägt jedes Wort ab – auch den „Anfang" des Johannes-Evangeliums. Die Brüder Grimm loben ihn, weil er nicht „im Beginn" geschrieben hat wie die deutschen Übersetzungen vor Luther, die niederländischen und dänischen. „Luther verwendet auch sonst in der Bibel niemals Beginn", so die Grimms, „einige Mal Anbeginn, meistenteils Anfang." Luther schaut auf scheinbare Kleinigkeiten und wählt mit „Anfang" das sinnlichere Wort, in dem zweimal der Vokal „a" aufscheint.

Luther lauscht dem Klang der Wörter. So dürfte ihn das „A" am Anfang des Wortes gereizt haben: Der erste Buchstabe des Alphabets. So steht der „Anfang" am Anfang, ist nahe dem griechischen Wort „Arche": Das liest Luther im Original – und bleibt dem „A" im Deutschen treu.

Auch Goethe, einer von Luthers skeptischen Nachfahren, bleibt dem Anfang treu, aber zweifelt: Hat das Wort wirklich diese Macht? Er lässt den „Faust" fragen: *„Im Anfang war das Wort! – Hier stock ich schon! Wer hilft mir weiter fort? Ich kann das Wort so hoch unmöglich schätzen."*

Luther hätte Goethes Faust helfen können.

31. DAS „NOCH" UND DER APFELBAUM

„Noch" ist ein Wort, das Luther eifrig nutzt – wie in einem Brief an seinen Freund Melanchthon: „Ich sitze noch, unrein durch den Eiterfluss des Ohres, und denke zuweilen an das Leben, zuweilen an den Tod. Es geschehe der Wille des Herrn, Amen."

Luther denkt oft an den Untergang der Welt, den er Tag für Tag erwartet, und er denkt – selbst bei Ohrenschmerzen – an den eigenen Tod. Die Welt, sein Leben und der Alltag ist ein großes „Noch".

„Das Gericht" – gemeint ist das jüngste Gericht – „ist jetzt schon in der Welt, wenn auch noch nicht offenbart ist, was an jenem Tage geschehen wird", spricht der gerade berufene Professor Luther in seiner ersten Wittenberger Vorlesung.

Unser Leben heute verläuft friedlicher als das Leben der meisten Menschen in Luthers Zeit. Wir könnten auf das „Noch" verzichten, aber es erfreut sich an Wert in neuer Weltuntergangs-Stimmung und stiftet Wonnen der Verzweiflung – meist ohne Luthers Gewissheit, dass nach dem „Noch" dieser Welt eine bessere Welt wartet.

„Wie geht es Dir?", frage ich einen Bekannten. „Noch gut", antwortet er. „Und die Arbeit?" – „Sie macht noch Spaß." Wir fahren noch in Urlaub, wir gehen noch ins Kino, wir tanken noch billig, wir leben noch.

Als man Luther fragt, wo die wahre Fröhlichkeit des Herzens sei, antwortet er: „In der Hoffnung". Wer woanders seine Freude suche, „der wird viel schwitzen und sich vergeblich mühen. Es wird ihm sogar **noch** schlechter gehen wie der Frau im

Evangelium, die an Blutfluss litt und all ihr Gut auf die Ärzte verwendet hatte."

Es kann alles noch schlechter gehen. Das Adverb „noch" zählt zu den 2300 wichtigen Wörtern unserer Sprache, zum Grundwortschatz: Den sollte jeder beherrschen, der unsere Sprache lernen und das „Zertifikat Deutsch" erlangen will. Ohne „noch" kommt der Fremde nicht aus, der Heimische erst recht nicht: „Noch" ist das Wort der Krise.

„Wenn morgen die Welt unterginge, würde ich heute noch einen Apfelbaum pflanzen", lautet eine Luther-Legende: Sie ist ein trotziges „noch".

32. „ICH BITTE UM ENTSCHULDIGUNG!"

Dieser TV-Augenblick bleibt haften: Als Christian Wulff Bundespräsident war, saß er TV-Journalisten gegenüber, leicht gebeugt, als wolle er sich einkugeln, und sprach:

„Der Anruf beim Chefredakteur der Bildzeitung war ein schwerer Fehler, der mir leid tut und für den ich mich entschuldige."

Kann ein Mensch, der seine Schuld eingesteht, die Schuld auch von sich nehmen? Darf sich auch der erste Bürger des Staates einfach so entschuldigen?

Mit der Entschuldung, der Schuld und der Tilgung der Schuld schliddert unsere Sprache zu Religion und Ethik. Für Luther ist „Schuld" eine der zentralen Begriffe seiner Lehre; das Wort lesen wir 300 Mal in seinen Predigten, Vorlesungen und Schriften.

Und in der Bibel? „O Mensch, Du kannst dich nicht selber entschuldigen, wer Du auch bist!", übersetzt Martin Luther einen Satz aus dem Brief des Paulus an die Gemeinde in Rom. Die Schuld nehmen, das könne nur Gott, sagt auch Luther.

Auch wer nicht an Gott glaubt und Religion verachtet, aber ein moralischer Mensch ist, der fragt: Wer schert sich noch um Recht und Moral, wenn sich jeder selber von Schuld befreien kann – nur durch ein Wort? Was wird aus einer Gesellschaft, die nicht mehr über Schuld richtet?

„Entschuldigung" oder knapp „tschuldigung" ist oft eine Höflichkeits-Floskel, die wir sagen – etwa wenn wir in der Straßenbahn jemanden ungewollt anrempeln. Da geht es nicht um Schuld, sondern um Respekt.

Von solch einer Lappalie ging der damalige CDU-Generalsekretär Gröhe aus, als er über Wulff meinte: Seine Widersacher sollten schweigen, weil der Präsident um Entschuldigung gebeten habe. Da ist es heraus: Diese Entschuldigung ist eine politische – denn genau diese Bitte gegenüber den Bürgern hatte Wulff nicht geäußert.

„Ich bitte um Entschuldigung!" – nur so beginnt die Tilgung der Schuld; und der, den ich bitte, ist frei, dem Wunsch nachzukommen. Wer sich selber entschuldigt, macht sich groß. Er wird im Lutherschen Sinne gottgleich und stellt sich über alle anderen.

33. ZITATE-RECYCLING: LUTHER UND GOETHE

Geistiger Diebstahl wird heute bestraft: Wer in seiner Dissertation zitiert, ohne den Urheber zu nennen, verliert seinen Dr.-Titel schneller, als er ihn erlangt hat. In vergangenen Jahrhunderten war das Recycling, die Wiederverwertung von Zitaten ohne Quellenhinweis üblich und zeugte von der Belesenheit des Autors.

Es war nach der Niederlage der Preußen gegen Napoleon in Jena und Auerstedt: Königin Luise, als „Königin der Herzen" verehrt, flieht nach Ostpreußen und ritzt mit dem Diamanten ihres Rings in die Fensterscheibe eines Hauses:

„Wer nie sein Brot mit Thränen aß, wer nie die kummervollen Nächte auf seinem Bette weinend saß, der kennt euch nicht, ihr himmlischen Mächte." Die Königin wusste: Sie zitiert aus Goethes „Wilhelm Meister". Aber wen zitierte Goethe?

Goethe kannte Luthers Übersetzung der Bibel, er verehrte den Meister der Sprache, weniger den Reformator. Goethe bediente sich wohl Luthers Übersetzung des 80. Psalms: „Du speisest sie mit Thränenbrot und tränkest sie mit großen Maß von Thränen"; der Vers ist in der aktuellen Übersetzung nahezu unverändert geblieben: Die „Trähnen" verloren ihr „h", und aus dem großen Maß wurde ein „großer Krug".

Goethe verband den Vers mit einem aus dem 6. Psalm: „Ich bin so müde von Seufzern und netze mit meinem Thränen mein Lager." Hat Goethe bewusst bei Luther geborgt? Der Literaturwissenschaftler Walther Killy meint, das sei unerheblich. „Wichtig ist, dass ihm hier wie bei ungezählten Gelegenheiten die Sprach- und Bilderwelt der Lutherschen Bibel als ein selbstverständlicher Fundus zur Verfügung stand."

Auch Bertolt Brecht hat in Luthers Bibelübersetzung gestöbert. Ein schlechtes Theaterstück kommentiert er: „Elender Text, geschmacklose Aufmachung. Aber gewisse Bibelworte nicht totzukriegen. Sie gehen durch und durch. Man sitzt unter Schauern, die einem, unter der Haut, den Rücken herunterstreichen, wie bei der Liebe."

Für Walther Killy ist diese Notiz kein Zeugnis der Frömmigkeit – „aber eine Bezeugung literarischer Wirkung, die ihresgleichen sucht, bis heute".

34. WIE FREI IST DER FREIE WILLE?

Wie viel Wahrheit muss in einem Wort stecken? Ein Beispiel: Wie viel Milch steckt im veganen Käse? Darüber urteilte der Europäische Gerichtshof: Der milchlose Käse darf nicht mehr Käse heißen, weil Käse ohne Milch eine Lüge ist.

Wie würde der Gerichtshof über Luthers freien Willen urteilen? Freiheit ist ein oft benutztes Wort in Luthers Schriften ebenso wie in denen seines Gegenspielers Erasmus von Rotterdam. Beide, Luther wie Erasmus, nutzen gerne das Bild vom Töpfer, der den Ton formt: Der Töpfer steht für Gott, der Ton für den Menschen. Wer bestimmt?

Kann der Ton den Töpfer lehren, wie er's machen soll? Nein, schreibt Luther: „So wollen wir uns wider Gott stellen, ihn reformieren, in die Schule führen und lehren, die arme, elende, verderbte Kreatur den Schöpfer." Aber wir könnten doch sagen: Wir machen es! Wir formen den Ton!

Ja – aber, predigt Luther: „Wir haben wohl das Recht des Wortes, aber nicht die Ausführungsgewalt. Das Wort sollen wir predigen, aber was daraus folgt, soll allein in Gottes Gefallen stehen."

Das ist das Ende der Freiheit, wirft ihm Erasmus vor: „Was ist denn der Mensch noch wert, wenn Gott so in ihm wirkt, wie der Töpfer am Lehm wirkt? Was kann uns dann als gut oder böse angerechnet werden?"

Auch Luther sieht das Ende der Vernunft: „Alle Werke Gottes sind unerforschlich und unaussprechlich, keine Vernunft kann sie aussinnen. Sie können geglaubt, aber nicht denkend erfasst werden." Und wer kann's glauben?, fragt Luther und treibt seinen Spaß mit der Antwort:

„Wir meinen, der Kaiser sei viel mächtiger, Erasmus viel gelehrter, ein Mönch viel gerechter als Gott ist." So ist das mit der Freiheit und der Wahrheit des Wortes.

35. VERBEN, DIE RENNEN UND LAUFEN

Im „Lied von der Glocke" berauscht sich Friedrich Schiller an den Verben: „Balken krachen, Pfosten stürzen, Fenster klirren, Kinder jammern, Mütter irren, Tiere wimmern ... Alles rennet, rettet, flüchtet." Schiller kennt seinen Luther, der den Menschen unentwegt rennen und laufen lässt.

„Wenn ein Mensch etwas redet oder befiehlt, da muss man laufen und rennen, reiten und reisen, viel Mühe und Arbeit haben, dass es ins Werk gebracht werde." So predigt Luther über eines der Wunder Jesu: Ein Beamter des Königs Herodes bittet, seinen todkranken Sohn zu heilen.

Luther schätzt dynamische Verben, die eine Erzählung vorantreiben – und die Phantasie der Zuhörer: Laufen, rennen, reiten und reisen. Doch je kraftvoller die Verben, je mächtiger die Sprache, umso machtloser wird der Mensch, der Luthers Worten lauscht.

Der Vernunft des Menschen traut Luther nicht, die Skepsis verurteilt er als Teufels Werk. „Deshalb sind diejenigen schändliche Leute, die an der heiligen Taufe zweifeln", predigt er.

Luther ist ein Meister der Sprache, der des Menschen Wort gering schätzt: Es bringe nur unnütze Lauferei und Rennerei, denn am Ende zähle allein Gottes Wort.

Unter dem Widerspruch zwischen der Sprachmacht Luthers und der Ohnmacht der Menschen hat schon sein Zeitgenosse Erasmus von Rotterdam gelitten, der ebenfalls Augustiner-Mönch war. Erasmus, der Humanist, schrieb gen Wittenberg: „Meines Erachtens kommt man mit bescheidenem Anstand weiter als mit Sturm und Drang. Auf diese Weise hat Christus sich die Welt unterworfen."

36. KRIEG, SCHWERT UND GOTT

Evangelische Kirchentage heute sind beseelt von der Botschaft des Friedens: Lasst uns reden statt kämpfen! Oder im modernen Jargon: Suchen wir den Dialog! Auch die Friedensfreunde wollen in Luther einen Verbündeten entdecken.

Von der Wartburg schreibt Luther an Wenzelaus Link, der seinen Rat wünscht: Wie soll ich mit Mönchen umgehen, die das Kloster verlassen? Luther rät:

„Es missfällt mir dies Austreten unter Tumult. Denn man sollte in beiderseitigem Einverständnis und in Frieden voneinander scheiden. Keiner solle mit Gewalt zurückgehalten werden."

Wenzelaus ist ein Freund Luthers. In 70 Briefen schreiben sie über Melonen, Quittensaft oder den nahen Tod, aber auch über Gewalt gegen mordende Fürsten, die „unersättliche Blutsauger" seien. Da vergisst Luther seine frühe Milde: „Wir werden Gott bitten, dass sie ohne Barmherzigkeit zugrunde gerichtet werden."

Luthers Sprache wird martialischer, je älter er wird. Das Schwert, Inbegriff von Gewalt, wird zur Lieblings-Metapher:

„Kriegführen und Töten ist von Gott eingesetzt. Töten und Rauben ist ein Werk der Liebe. Es ist gleich wie bei einem guten Arzt: wenn die Seuche so böse und groß ist, dass er Hand, Füße, Ohr oder Augen abhauen muss, auf dass er den Leib errette."

Die grobe Sprache ließ Thomas Mann erschrecken; er schrieb wenige Jahre nach Ende des Zweiten Weltkriegs über Luther: „Ein mächtiger Hasser, zum Blutvergießen von ganzem Herzen bereit."

Was Thomas Mann Hass nennt, folgt aus Luthers Lehre, der Christ habe Krieg zu führen gegen den Satan und ihn zu veralbern: „Man kann des Teufels Stolz leicht zuschanden machen, indem man sagt: Leck mich im Arsch oder: Scheiß in die Hosen."

37. DIE GEWALT DER WORTE

Wer beeindruckt ist von Luthers Sprache, wer gar die Sprachgewalt rühmt, darf nicht unterschlagen: Zu welchem Zweck beeindruckt Luther die Menschen? Er hat edle Motive, wenn er die Bibel so übersetzt, dass auch die einfachen Leute sie verstehen. Luther hat aber auch diese Sätze geschrieben:

„Juden sind giftige, bittere, rachgierige, hämische Schlangen, Meuchelmörder und Teufelskinder, die heimlich stechen und Schaden tun." Daraus folgert Luther: „Erstens, dass man ihre Synagoge oder Schule mit Feuer anstecke und, was nicht verbrennen will, mit Erde überhäufe und zuschütte, damit kein Mensch mehr davon in Ewigkeit einen Stein oder Schlacke sehen kann."

Diese Sätze stehen in Luthers Schrift „Von den Juden und ihren Lügen": Sie ist 200 Seiten Hass, purer Hass. Luthers Werk ist gerade wegen seiner Sprachkunst ein Beispiel, wie einer mit seinen Worten auch Unheil anrichten kann: Worte werden Propaganda, gehen der Gewalt voran.

Damit sind nicht die Nazis gemeint, die sich auf Luther beriefen und an seinem Geburtstag die Synagogen niederbrannten. Schon Luthers Zeitgenossen folgten seinem Hass, nahmen den Juden ihren Schutz und vertrieben sie.

Erst vor kurzem hat Matthias Morgenstern eine neue Übersetzung von Luthers Juden-Pamphlet vorgelegt und die von 1938 – also aus der Nazi-Zeit – abgelöst. Wer seinen Widerwillen überwindet und die Schrift liest, „wird es schwer haben", so Morgenstern, „sich ihrer ungeheuren Emotionalität zu entziehen, die durch immer neue Imperative, überlange Sätze und zahlreiche Wiederholungen zum Ausdruck kommen".

Worte können heilen, verletzen, gar töten. Wie gehen wir, ein halbes Jahrtausend danach, mit der Judenschrift um? Matthias Morgenstern stellt die grundsätzliche Frage: „Wie steht es um die Glaubwürdigkeit von Luthers Bibelauslegung? Und um die seiner Menschenkenntnis und seines Gottesbildes?"

38. IST DIE JUNGFRAU EINE JUNGE FRAU?

Ein starker Regen wird zum Starkregen, ein guter Mensch wird – politisch unkorrekt – zum Gutmenschen, aber eine junge Frau ist keine Jungfrau, sprachlich gesehen. Unter Christen entzweit die Jungfrau-Frage die Gläubigen und Zweifelnden, als hinge das Heil der Menschen davon ab.

Bischöfe haben Priestern die Erlaubnis entzogen, Studenten zu unterrichten, wenn sie die Jungfrauen-Geburt in Frage stellten. Dabei geht es nur um die Übersetzung: Welche ist korrekt? Es gibt Gründe für die „Jungfrau", es gibt Gründe für die „junge Frau".

Der Streit dreht sich um einen Satz von Jesaja, eines Propheten, der rund sieben Jahrhunderte vor Christus lebte: „Eine Jungfrau* ist schwanger und wird einen Sohn gebären." So die aktuelle Luther-Bibel, für das Lutherjahr 2017 neu übersetzt, doch verwirrend: Der Stern hinter der „Jungfrau" verweist auf eine Fußnote: „Wörtlich: ‚junge Frau'".

Das hebräische Wort „alma" bedeutet in der Tat nicht Jungfrau, sondern junge Frau. Warum sind die Übersetzer, wider bessere Einsicht, bei der Jungfrau geblieben? Das Dilemma ist zum einen die Schwierigkeit jeder Übersetzung alter Texte: Wie muss man interpretieren, damit Menschen sie heute überhaupt lesen und verstehen können?

Das Dilemma ist zum anderen: Alle Übersetzungen in 2000 Jahren haben die Lehre der Kirche beeinflusst. Wer nicht die Jungfrauen-Geburt bekennt, „der sei ausgeschlossen" – so beschloss schon eine Synode im siebten Jahrhundert. Auch Luther übersetzt noch: „Eine Jungfrau ist schwanger", und ist sicher, er übersetze korrekt: Er hat wohl nicht in den hebräischen Text geschaut, sondern den griechischen – der schon eine Übersetzung war.

Eine neue, korrekte Übersetzung könnte also einen Pfeiler des Glaubensgebäudes, zumindest des katholischen, zerbröseln: Auch in der neuen katholischen Übersetzung taucht die „junge Frau" in der Fußnote auf. Deutlich spricht das Dilemma der ehemalige Erfurter Bischof Joachim Wanke aus: „Die Lehre bleibt, da solle man nicht zu viel in diese eine Bibelstelle hineininterpretieren."

39. „LUTHER WAR EIN MACHO"

Katharina von Bora, eine entlaufene Nonne, heiratet Martin Luther, einen katholischen Mönch. Vor 500 Jahren war das ein Skandal, heute ist es für viele Frauen ein Fanal, dass ihnen Gott und Kirche gehöre wie den Männern. „Die Aufwertung von Frauen kommt auch durch Luther", sagt Margot Käßmann, aber auch: „Luther war ganz sicher ein Macho."

Vor 20 Jahren schrieben Theologinnen eine Bibel „in gerechter Sprache" und übersetzten das Gebot: „Du sollst nicht ehebrechen!" in „Geh nicht fremd!" oder „Verletze keine Lebenspartnerschaft!"

Kann Sprache gender-gerecht sein? Gender ist das englische Wort für Geschlecht.

Die Genderforschung sieht den Mann als Urheber von Wörtern und Ungleichheit und nimmt auch Luther ins Visier – teilweise zu Recht. Aus „Junias" in Paulus' Römerbrief macht Luther einen Mann; dabei hatte der Kirchenvater Johannes Chrysostomos im vierten Jahrhundert geschrieben: „Wie groß muss die Weisheit dieser Frau gewesen sein, dass sie für den Titel Apostel würdig befunden wurde."

Sind es nur „liebe Brüder", die Paulus grüßt? Luthers Übersetzung blieb bestehen bis zur Revision 2017, in der aus „lieben Brüdern" erstmals „Brüder und Schwestern" wurden. Bischof Kähler, der das Übersetzer-Team leitete:

„Adelphoi" für Brüder war im Griechischen klanglich kaum zu unterscheiden von Adelphai für Schwestern. Also revidierten wir die Übersetzung – „dem gewandelten Sprachempfinden von heute Rechnung tragend".

Allerdings ist die Gender-Debatte meist von Polemik erfüllt. Der Sprachlehrer Wolf Schneider spricht von „Schwachsinn": „Diese Sprache geht von der törichten Vorstellung aus, das natürliche Geschlecht habe etwas mit dem grammatischen Geschlecht zu tun."

Wenn auf evangelischen Kirchentagen die Gender-Debatte geführt wird, liest man etwa im Programm 2015: „Die Teilnehmenden werden eingeladen, mitzureden über Saalmikrofoninnen und -mikrofone." Luther, der Macho, hätte das kommentiert: „Sie wurden zu lauter Bestien, die weder deutsch noch lateinisch recht reden können und beinahe auch die natürliche Vernunft verloren haben." Aber vielleicht war alles nur ein Spaß.

40. WÖRTER HABEN IHRE ZEIT

Alles hat seine Zeit, sagt der Psalmist. Auch Wörter haben ihre Zeit: Sie kommen, sie gehen, sie verändern ihren Sinn.

„Galrede" ist ein Wort, das keiner mehr kennt. Luther hört es von der Mutter, wenn sie eine Sülze kocht. Noch in einem Lexikon von 1735 lesen wir: „Zerstoße alles, koche es eine Viertelstunde lang, mache daraus eine Galrede." Offenbar mag Luther Sülze nicht und packt sie in ein Bild gegen den Teufel: „Eine Galrede, darin der Teufel sich weidet wie eine Sau hinter dem Zaun."

Luther hat auch den Sinn von Wörtern verändert. So war der „Pfaffe" vor Luther ein unbelasteter Begriff, der jeden Geistlichen außerhalb eines Klosters bezeichnete. Luther wendet den Sinn ins Verächtliche und schreibt im „Großen Katechismus" über katholische Priester: „Darum haben wir billig der Mönche und Pfaffen Gebete verworfen, die Tag und Nacht mörderisch heulen und murren."

Obwohl er selber Mönch und Pfaffe war, nutzt er den „Pfaffen" als Beleidigung, wo immer es ihm gefällt, und bedient sich des Vorzugs der deutschen Sprache, Hauptwörter zusammenzusetzen: Pfaffengut, Pfaffenhure, Pfaffenkind und andere Variationen mehr. Grimms Wörterbuch kennt Dutzende von Pfaffen-Wörtern, gern auch von großen Dichtern genutzt:

„Kann das Pfaffengewäsch so einen Philosophen in Harnisch jagen? Blast es doch weg mit dem Hauch Eures Mundes!", lesen wir in Schillers „Räuber". Und Goethe reimt in der „Walpurgisnacht" im Lutherschen Ton: „Diese dumpfen Pfaffenchristen, / Lasst uns keck sie überlisten!"

Luther besitzt einen großen Schatz an Wörtern, 23.000 sollen es sein – fast so viele wie nach ihm Schiller oder Shakespeare in ihren Werken nutzen. Darunter sind Luthersche Schöpfungen wie Lückenbüßer und Sündenbock, Hausvater und Machtwort, Lockvogel und Spitzbube.

Einige Wörter lohnten, wieder belebt zu werden – wie der Winkelprediger, dem Luther eine eigene Schrift gewidmet hat: „Die Schleicher und Winkelprediger sind des Teufels Apostel, wie sie durch die Häuser laufen, lehren und wissen doch nicht, was sie sagen."

41. WER IST DER WAHRE LUTHER?

Luther, der Heilige – so verehrten ihn seine Anhänger nach dem Tod: Sie sammelten Reliquien und Andenken, übrigens bis in unsere Zeit, wie ein Blick in den Museums-Laden auf der Wartburg zeigt mit Luther als Playmobil oder Bade-Ente.

Luther, der Teufel – so geschmäht von seinen meist katholischen Gegnern: Ein Monster, ein Narr, ein Trunkenbold und Vielfraß, ein Mönch, dem Hörner aus dem Kopf wachsen.

Luther, die Kultfigur – so wird er bis heute stilisiert, ein Medienstar, mit Lutherrose in Bildern, Büchern, Comics und Filmen, zur Vermarktung freigegeben.

Luther, der Deutsche – so haben ihn Nationalisten idealisiert: Vorkämpfer der deutschen Nation, die eins sei und stark. Die Nazis nutzten seine antisemitischen Schriften.

Wer ist der wahre Luther? Eine Ausstellung unter dem satirischen Titel „Luthermania" in Wolfenbüttel zeigte die verschiedenen Ansichten – und kam zu dem Schluss: Es gab nicht und gibt nicht den wahren Luther. Jede Epoche macht sich ihr eigenes Bild, vereinnahmt Luther für sich.

Doch gibt es eine gemeinsame Basis, über die Jahrhunderte hinweg: Luther als Schöpfer der deutschen Sprache, ausgehend von diesen beiden Grundsätzen:

1. Geht zurück zu den Quellen! Lest in den Ursprungs-Sprachen der Bibel und verlasst Euch nicht auf die Übersetzungen, die allesamt Interpretationen sind und schnell zur Ideologie werden!

2. Hört den Menschen zu, wie sie in den Werkstätten, auf dem Markt, im Wirtshaus und zu Hause reden! Gebraucht ihre Wörter, ihre Sätze! „Wie denn alle Schulmeister lehren: dass nicht der Sinn den Worten, sondern die Worte dem Sinn dienen und folgen sollen."

Auch Luther geriet in den Teufelskreis der Interpretation: Wer sich den Quellen nähert, nähert sich der Wahrheit – aber beginnt gleich, wenn er übersetzt, zu interpretieren und zu missionieren. Luther verstand sich als Missionar: Er wollte die Menschen belehren, indem er die Wahrheit zeigt. Doch zu schnell verzerrt sich die Wahrheit zur Ideologie, auch dafür ist Luther ein Beispiel.

DER ATTRAKTIVE STIL:
IN BILDERN ERZÄHLEN

42. BLUT, SCHWEISS UND TRÄNEN

Wer die Welt verändern will, muss erzählen können – am besten kurz und einprägsam, damit Zuhörer wie Leser nicht in den Schlummer fallen. Hollywood hat daraus eine Meisterschaft gemacht – und von Luther gelernt, der nicht nur ein Magier der Worte war, sondern auch ein großer Erzähler.

Eine komplette Seeschlacht konnte er mit wenigen Worten schildern: Die Schlacht spielt in Ägypten; Gott ist der Gegenspieler des Pharaos, der die israelische Armee vernichten will. Es kommt zur Entscheidung, und Luther erzählt vom biblischen Gott, dem „du" im Text:

„Da ließest du deinen Wind blasen und das Meer bedeckte sie, und sie sanken unter wie Blei im mächtigen Wasser."

Dieser Stil würde jedes Drehbuch in Hollywood adeln: Eine komplette Schlacht nebst Vernichtung einer Armee in 20 Wörtern.

Auch Schiller lernte von Luther, er schrieb in 19 Wörtern vom Ende einer Schlacht und der Gründung der Republik der

Niederlande: „Jetzt werden Seehelden aus Korsaren, aus Raub-schiffen zieht sich eine Marine zusammen, und eine Republik steigt aus Moränen empor."

In den großen Bildern der Weltgeschichte werden die Ge-schichten skizziert, die wir nie wieder vergessen – wie „Blut, Schweiß, Tränen und Mühsal": Das war Churchills Appell an die Briten, gerade mal fünf Wörter lang, aber er dehnte sich in den Köpfen der Zuhörer zu einer endlosen Erzählung, die einen Weltkrieg lang und länger hielt.

Auch die meistzitierten Luther-Sätze sind solch eine Erzäh-lung, die sich in den Köpfen der Zuhörer entrollen: „Der Herr hat's gegeben, der Herr hat's genommen, der Name des Herrn sei gelobt." Der Spruch des Hiob wird zum Spruch des Pfarrers, bei jeder Beerdigung zu hören, er gleicht einer Aufforderung, sich dem Leben des Verstorbenen leise erzählend zu erinnern.

Luther setzte noch einen Satz vor den Spruch des Hiob, den die meisten Pfarrer verschweigen, obwohl er kräftig die Sinne bewegt: „Ich bin nackt von meiner Mutterleib kommen, nackt werde ich wieder dahinfahren. Der Herr hat's gegeben, der hat's genommen, der Name des Herrn sei gelobt."

43. „IN HEISSER LIEBE GEBRATEN"

„Der Würger kann uns nicht mehr schaden", ist kein Groschen-
heft-Krimi, sondern ein Satz in Johann Sebastian Bachs Todes-
Banden-Kantate zum ersten Ostertag, entnommen einem
Luther-Lied.

Der Würger, ein Bild für den Tod, taucht auch im Schluss-
Satz der Friedens-Kantate zum dritten Ostertag auf. Ja, zu
Bachs unfriedlichen Zeiten hatten die Menschen noch einen
dritten Feiertag, den wir uns heute nicht mehr leisten wollen.

Johann Sebastian Bach schätzte Luther. Er nahm seine Lied-
texte in die Kantaten herein und wählte überhaupt Autoren, die
von Luthers bildhafter Sprache inspiriert waren. Besonderen
Wert auf kräftige Bilder legte Bach in seinen Oster-Kantaten:
Auferstehung und Friedens-Sehnsucht spornten ihn an.

Manche Bilder verleiten uns heute eher zum Schmunzeln
wie „In heißer Liebe gebraten" – und Bach meinte nicht die
Osterlamm-Zubereitung in der Küche. Zu hören ist der „Braten"
in Bachs erster Kantate, die wir kennen: „Christ lag in Todes
Banden", aufgeführt vor drei Jahrhunderten in Mühlhausen.

Kraftvoll und blutrünstig geht es auch in anderen der acht
Osterkantaten zu:

- „Das Blut zeichnet unsere Tür"
- „Das Gewand blutrot bespritzt"
- „Der Mittler hat dein Schuldenbuch verglichen und
  zerrissen"
- „Das Trauern, das Fürchten, das ängstliche Zagen"

Diese Wendungen zeichnen den Kampf nach zwischen Tod und Leben, Krieg und Frieden, Teufel und Gott – mit kurzen Wörtern, die auch Luther schätzte. Ein- und zweisilbige Wörter brauchen wir für unsere stärksten Gefühle. So beschleunigt Bach auch den Takt, wenn er von Tod und Herz und Wonne singen lässt.

Bachs Texte folgen den Herz- und Schmerz-Reimen des Barocks, vergleichbar Schlagern unserer Zeit. Doch die Oster-Kantate aus Mühlhausen „erhebt sich dichterisch über die Dutzendware der Modeerzeugnisse des 18. Jahrhunderts", schreibt der Bach-Experte Alfred Dürr.

Bei aller Todessehnsucht schöpft Bach zu Ostern auch Lebensmut, wie in der Kantate „Der Himmel lacht!" Mit drei Ausrufezeichen endet er: „Tritt an den neuen Lebenslauf! Auf! Von den toten Werken!" Bach ist ohne Luthers Sprachgewalt undenkbar.

44. SPRACHE MIT SAFT UND GESCHMACK

Wie sollen wir schreiben, wenn wir über die Sprache schreiben? „Je größer die Andacht im Geiste ist, desto weniger Worte macht sie", so Luther in seinem Essay über das „Magnificat", dem Lobgesang Marias. „Die Andacht im Geiste" meint: Wenn uns etwas wichtig ist, sogar lebensnotwenig – dann brauchen wir nicht viele Worte im Gegensatz zu den „Geistlosen":

„Sie richten ihre Dinge mit viel Worten und großem Geschrei aus; solche Worte sind ganz gering anzusehen und ganz ohne Saft und Geschmack."

Wenn Luther über die Sprache nachdenkt, schreibt er nicht wie ein Wissenschaftler, will er nicht nur Spezialisten erreichen. Wenn heute die „Deutsche Akademie für Sprache und Dichtung" einen „Bericht zur Lage der deutschen Sprache" abgibt, lesen wir: „Im gesamteuropäischen Vergleich bewegt sich das Deutsche mit seinen morphologischen Möglichkeiten in einem mittleren Rahmen."

Da hat die Sprache über die Sprache weder Saft noch Geschmack, ist Geplapper. Luther zitiert Jesus: „Und wenn ihr betet, sollt ihr nicht viel plappern wie die Heiden; denn sie meinen, sie werden erhört, wenn sie viele Worte machen." Das sind die einleitenden Sätze zum „Vater unser", dem Grundgesetz des Glaubens, das mit 50 Worten auskommt.

Wenn wir über das Wichtigste in unserem Leben sprechen, haben „die Worte Hände und Füße", schreibt Luther, „da sind die Worte eitel Feuer, Licht und Leben". Luther bedient sich der Bilder im Überfluss, wenn er die Sprache preist „gleich wie ein heiß Wasser im Sieden überläuft und schäumet, dass sichs vor großer Hitze im Topf nicht mehr halten kann".

Luther standen viel weniger Wörter zur Verfügung als uns. Forscher entdeckten: In den vergangenen 100 Jahren ist unsere Sprache um eine Million Wörter gewachsen. Was sagt die Menge aus über die Qualität?

Im „Bericht zur Lage der deutschen Sprache" steht eine Erkenntnis im Lutherschen Geiste: „Wenn es so scheint, als würde unsere Sprache verarmen, dann liegt das nicht an der Sprache, sondern an denen, die von ihr Gebrauch machen."

45. FURZEN UND RÜLPSEN

Als Gerhard Schröder in den Kanzler-Wahlkampf zog, der fast verloren schien, kam er nach Herne, ins Herz des Ruhrgebiets, und sprach den Genossen Mut zu: „Aus einem verzagten Arsch kommt kein fröhlicher Furz". Die brachen in schallendes Gelächter aus.

Der Reporter von *n-tv* war entsetzt, sprach von „Fäkal-Floskel" und einem „Einsatz unter der Gürtellinie". Nein, das war Luther, zumindest ein Luther zugesprochenes Sprichwort; es lehnt sich an ein Zitat, das in der Tat von Luther stammt:

„Wenn ich hier einen Furz lasse, dann riecht man das in Rom."

Luthers Zeit ist eine kriegerische Zeit, in der die Worte so derb waren wie die Menschen. Wer sich heute erregt, wie oft im Alltag und in Filmen „Scheiße" gesprochen wird, der wäre zu Luthers Zeit in Empörung versunken.

„Der Grobianismus in seinen Schmähschriften und zum Teil auch den Tischreden ist zeittypisch", sagt der Sprachforscher Hartmut Günther, „da ging es eben körperlicher zu." Dem Papst wirft Luther „Lügen" vor, „Gotteslästerungen, wie dem Teufel aus dem Hintern geboren."

Die römische Kirche vergleicht er mit einer Hure und ergötzt sich regelrecht an seiner derben Phantasie:

Wir haben einst der Kirche des Papstes „mit ganzem Ernst im Hintern gesteckt, dass es uns leid ist, so viel Zeit und Mühe in dem Loche schändlich zugebracht zu haben. Aber Gott Lob und Dank, der uns von der roten Lästerhure (Offb. 17, 3 ff.) erlöst hat!"

Selbst Gottes Hintern ist kein Tabu. Weil die Welt Gott nicht erkennen will, klagt Luther, „so muss sie ihn in Schande erkennen und ihm in den Hintern sehen".

Es wundert kaum, dass auch seine Anhänger und Nachfahren die Derbheit begeistert kopierten. So ist Luthers bekanntestes derbes Sprichwort wohl ein erfundenes: „Warum furzet und rülpset Ihr nicht? Hat es Euch nicht geschmacket?"

Wenn Luther sich allerdings an die Übersetzung der Bibel begab, vergaß er seine Derbheit: „Sein Bibeldeutsch war gehoben", stellt der Sprachforscher fest. Da schaute er nicht mehr in den Hintern des Höchsten.

LUTHER UND UNSERE ZEIT: EIN BISSCHEN DIGITAL

46. LUTHER TWITTERT

Der mächtigste Mann twittert unentwegt: US-Präsident Donald Trump verschickt regelmäßig 140 Zeichen und erschreckt nicht selten die ganze Welt.

„Unsinniger, wütender Tyrann, der sich voll Teufel gefressen und gesoffen hat und stinkt wie ein Teufelsdreck."

Diesen Tweet, wie die Kurznachricht genannt wird, könnte Trump geschrieben haben, aber er ist schon ein halbes Jahrtausend alt – und stammt von Martin Luther. Der hat kein Smartphone und keinen Computer, aber er bedient sich ebenso souverän eines neuen Mediums: Dem Buchdruck. Er lässt seine Pamphlete gegen Papst und Mächtige drucken und zigtausendfach unters Volk bringen.

Luther erkennt schnell die Vorzüge des Mediums und spricht abends bei Tisch: „Die hohen Wohltaten der Buchdruckerei sind mit Worten nicht auszusprechen." Er wird ein Meister der kurzen Nachricht, vor allem der knappen schmerzhaften Pöbelei. Man lese nur seine Schrift gegen den Herzog aus Braunschweig: „Wider Hans Wurst".

Was ist eine Predigt vor ein paar hundert Zuhörern in der Wittenberger Schlosskirche gegen seine Bibelübersetzung, die eine halbe Million Menschen kauft und weit mehr als eine Million liest – schon zu Lebzeiten? Die Technik der guten Predigt hilft ihm, auch erfolgreiche Bücher zu schreiben: Deutsch muss er schreiben – und vor allem kurze Sätze, die im Gedächtnis haften.

Luther übersetzte die Bibel so, dass man ihre markanten Passagen in 3 000 Tweets packen und versenden kann – etwa:

- Selig sind, die da hungert und dürstet nach der Gerechtigkeit; denn sie sollen satt werden (90 Zeichen)
- Wenn dich jemand auf deine rechte Backe schlägt, dem biete die andere auch an (78 Zeichen)
- Ein jegliches hat seine Zeit: Lieben hat seine Zeit, hassen hat seine Zeit; Streit hat seine Zeit, Friede hat seine Zeit (120 Zeichen)
- Ich bin nackt von meiner Mutter Leibe gekommen, nackt werde ich wieder dahinfahren. Der Herr hat's gegeben, der Herr hat's genommen (130 Zeichen)
- Wie ihr wollt, dass euch die Leute tun sollen, so tut ihnen auch (66 Zeichen).

47. LUTHER, HUREREI UND DER BUNDESTAG

„Der deutsche Spießer ist ein Darm, gefüllt mit Furcht und Hoffnung, dass Gott erbarm!" Nein, das ist nicht Martin Luther, das ist ein vier Jahrzehnte altes Zitat von Herbert Wehner; er meinte einen CSU-Abgeordneten, der für ihn ein politisches „Beweisstück" für den typischen Spießer war.

Der SPD-Politiker Wehner war im Deutschen Bundestag ein würdiger Nachfolger Martin Luthers, der die Mächtigen seiner Zeit grundlos beleidigt hatte – wenn sie nicht auf seiner Seite standen. „Der Papst ist dem Teufel aus dem Hintern geboren", wettert Luther ein Jahr vor seinem Tod gegen den Papst und beleidigt ihn in einem fort: Ein verzweifelter Spitzbube; ein Gräuel aller Abgötterei, von allen Teufeln aus dem Grund der Hölle hervorgebracht; ein Hurenwirt; ein rechter Werwolf.

Widerlich, eines frommen Mannes unwürdig? Ein „Streiflicht"-Schreiber der „Süddeutschen Zeitung" sehnt sich nach Politikern, die so originell, böse und verletzend schimpfen können wie einst Herbert Wehner – und wir fügen Luther an: „Diese Kunst der stilvollen politischen Beschimpfung ist in Zeiten der Pöbelköpfe, irrer Blogger und anonymer Netzkommentare im bedauerlichen Niedergang begriffen."

Für den Luther-Biographen Heinz Schilling markieren Luthers Kraftausdrücke sogar einen tiefen Wandel in der Sprachkultur: „Luther setzte auf innerweltliche Bestrafung durch Beschimpfungen." Für seine Flüche findet Luther auch eine Legitimation beim Herrn selber, „dem Herrn über Segnen und Fluchen", den der Evangelist Matthäus so zitiert: „Seid fröhlich, wenn euch die Menschen fluchen."

„Schändliche Hurerei, ja Ehebruch", wirft Luther dem katholischen Braunschweiger Herzog vor: Der Vorwurf der Hurerei ist beliebt und meist wohl auch richtig – in einer Zeit der fröhlichen Doppelmoral. Auch Landgraf Philipp von Hessen, der auf Luthers Seite steht, bricht die Ehe wie der gegnerische Braunschweiger Herzog.

„Wir müssen den Teufel und seinen Dreck tragen", sagt Luther, ganz politischer Stratege, und erlaubt Philipp schweren Gewissens eine Zweitehe: Macht bricht Moral.

48. HEINZ, DER HANSWURST

Hat unsere Zeit, hat das Internet die Hass-Rede erfunden? Seit einigen Jahren geißeln uns die Hassprediger, und wir werden sie nicht mehr los. Aber ein Phänomen unserer Zeit ist die Hass-Rede nicht. Bei aller religiösen Korrektheit: Luther beherrscht die Hass-Rede wie kein anderer in einer Zeit, in der man Besonnenheit der politischen Debatte selten pflegt.

Üble Nachrede, heute ein Straftatbestand, beantwortet man mit übler Nachrede – wie es Luther schreibt im „Hans Wurst". Herzog Heinrich der Jüngere, dem Papst treu geblieben, wirft Luther vor, er habe Johann Friedrich von Sachsen, seinen Landesherrn, einen Hanswurst genannt. Darauf reagiert Luther mit einem Pamphlet, in dem er maßlos und lustvoll polemisiert, aber auch die Chance nutzt, seinen Glauben ausführlich zu rechtfertigen.

Diese Mischung aus Hass und Rechtfertigung macht wohl den Erfolg der Schrift aus, bei der dem Drucker das „ü" im Setzkasten ausging, weil allein „Lüge" in mehreren Variationen 50 Mal vorkommt. Übertroffen wird die Lüge noch von der Hure, die Luther 67 Mal gegen seine Feinde anführt: Angsterzhure, Erzteufels Hure, Hurenkirche, päpstliche Hure, Hurengüter und andere mehr.

Luther nutzt sein Genie, mit der Sprache zu zaubern, für ein Feuerwerk der Verben: „Da flucht, lästert, plärrt, zerrt, schreit und speit er", der Herzog. Und ein Feuerwerk der Adjektive folgt: „Jung und frisch, stark und fröhlich" mache ihn, Luther, die Antwort auf die Bosheit von „Heinz", wie er den Wolfenbütteler Herzog respektlos nennt. Und ein Feuerwerk der Substantive gilt dem Papst: „Ablass, Wallfahrt, Brüderschaft, Messe, Fegefeuer, Klösterei, Stifte", das sind die Gräuel, mit denen das Papsttum dick und fett wurde.

Doch wer hinter die Hass-Tiraden schaut, entdeckt eine feine Strategie, mit Argumenten die Papstkirche zu treffen. Luther dreht den Spieß um: Nicht er, Luther, habe eine neue Kirche erdacht, vielmehr sei er der eigentliche Bewahrer der alten Kirche, wie sie Christus gegründet habe. Der Papst dagegen sei der wahre Ketzer.

49. DER STASI-PSALM

Kurz vor seinem Tod segnet Moses die Stämme Israels und spricht: „Wohl dir, Israel! Wer ist dir gleich? Du Volk, dass sein Heil empfängt durch den HERRN, der deiner Hilfe Schild und das Schwert deines Sieges ist!"

Dies Sprachbild kommt uns aus der deutschen Geschichte bekannt vor: „Schild und Schwert" – so nannte sich die Staatssicherheit, die Stasi, in der DDR: „Schild und Schwert der Partei".

Die SED war wohl eher feindlich gegenüber den Kirchen eingestellt, doch die alten Preußen in den DDR-Spitzenämtern waren noch geprägt durch ihre lutherische Erziehung: Sie kannten die Bibel und schöpften aus dem Vorrat der starken Worte.

Mit Luther im Kopf kann man einprägsame Losungen finden: Man lasse Gott beiseite, ersetze ihn durch die Partei, und schon kehrt sich das christliche Bekenntnis in sein Gegenteil, wird Botschaft einer sozialistische Weltanschauung.

Die Stasi war das Schild der Diktatoren gegen das eigene Volk, das mit dem symbolischen Schwert unterdrückt wurde. Über Zehntausende von Mitarbeitern erstickten 40 Jahre lang jede Kritik und ermutigten Denunzianten und Karrieristen.

Auch Luther unterliegt bisweilen dem Reiz der mächtigen Worte. Er ist nicht nur der gute Christ, sondern auch einer, der mit seiner Sprachgewalt verletzen konnte. Auch die Bibel kannte das Doppelgesicht der Wörter. Statt „Schild und Schwert" gibt es eine freundliche Version, zu lesen im Psalm 84, von Luther übersetzt: „Denn Gott ist Sonne und Schild… Wohl dem Menschen, der sich auf dich verlässt!"

Johann Sebastian Bach wählt in Leipzig für seine Kantate zum Reformationsfest 1725 nicht Moses Schwert-Variante, sondern die freundliche Psalm-Version: „Gott, der Herr, ist Sonn und Schild". Die Sonne passte für Bach wohl eher zur Feier der Reformation als das Schwert.

50. „ABENDLAND" UND DIE WORTRÄUBER

Luther verlöre seine Fassung, wenn er bei den Pegida-Spazier-gängen zuhörte, wie sie vom „Abendland" sprechen. Dabei ist er der Erfinder des „Abendlands", indirekt jedenfalls.

Als Luther das Matthäus-Evangelium übersetzt, sucht er nach einem deutschen Begriff für die Länder im Osten, den jeder verstehen kann: „Da Jesus geboren war zu Bethlehem, da kamen die Weisen vom Morgenland gen Jerusalem."

In einer Predigt zählt Luther auch Jerusalem zum Morgen-land: „Die heilige, schöne Stadt, welcher auch die heidnischen Geschichtsschreiber das Lob geben, dass sie die herrlichste, berühmteste Stadt im Morgenland gewesen sei."

Luther mag poetische Wörter wie das „Morgenland". Es geht ihm nicht nur um den schönen Klang, „Morgenland" ist für Luther das rechte Wort für die weit entfernten Länder im Süden und Osten, zu denen er selbst und die meisten seiner Leser nie würde reisen können.

„Orient" liegt Luther buchstäblich vor den Augen, der latei-nische Begriff, aber er wählt ein Bild, das seine Leser kennen: Der Aufgang der Sonne, der Morgen des Tages, das Morgen-land. Den nächsten Schritt, sein nebliges Thüringen als Abend-land zu benennen, geht er nicht. Es gibt keinen Anlass.

Von der Stimmung her hätte das Abendland gepasst, das Land des vergehenden Tages: Luther ist in Endzeit-Stimmung, erwartet den Untergang der Welt.

Auch Abendland ist ein poetisches, ein schönes Bild. Luther schätzt den Abend, wenn sich 20, 30 Männer und seine Ehe-frau Katharina im gut geheizten Speiseraum versammeln, üppig speisen und sich über Gott und Welt unterhalten. Da entstehen die Tischgespräche, die sechs Bände füllen.

Doch das rechte Wort kann falsch werden, wenn es unter die Worträuber fällt, wenn es zum Kampfbegriff wird. Als Oswald Spengler vor knapp 100 Jahren über den „Untergang des Abendlandes" räsoniert, wähnt er sich zwar in Luthers Tradition, aber er zerstört ein Wort, das einfach nur die Himmelsrichtung bezeichnen soll. Und Pegida plappert es nach, weit entfernt von Luther, ganz weit.

Henning Noske

JOURNALISMUS: WAS MAN WISSEN UND KÖNNEN MUSS
EIN LESE- UND LERNBUCH

Bibliothek des Journalismus, Band 4

258 Seiten, Broschur
17,95 €
ISBN: 978-3-8375-1432-2
EAN: 9783837514322

Auch als ePUB erhältlich
16,99 €
ISBN: 978-3-8375-1525-1
EAN: 9783837515251

Journalismus.

Das ist: recherchieren, schreiben, präsentieren. Doch wie geht das? Wie macht man es richtig? Dieses Buch führt in das journalistische Handwerk ein. Seine hohe Praxisorientierung mit vielen Tipps und Arbeitsbeispielen macht es auch für etablierte Journalisten interessant – zum Durchblättern, Nachschlagen, als Arbeitshilfe. Hier wird alles erklärt, was ein guter Journalist können und wissen muss:

- So schreibt man gut
- So recherchiert man
- So formuliert man Überschriften
- So führt man Interviews
- So präsentiert man sich und seine journalistischen Arbeiten
- So funktionieren Print- und Online-Journalismus

Henning Noskes „Lese- und Lernbuch" ist ein anderes Journalismus-Buch, das aus dem Alltag und im Alltag einer Redaktion entstanden ist. Noskes journalistische Alltags-Erfahrungen prägen das Buch: Sie geben dem erfahrenen Redakteur Stoff, seine Routinen zu überprüfen, und dem Anfänger die Hilfe, die er für seine Entscheidung braucht, den Beruf zu erlernen. Viele Medien-Karrieren beginnen im Lokalen. Daher ist die neue Auflage des Buches um ein Kapitel zum Lokaljournalismus erweitert worden.

„Wer im Lokalen beginnt, hat die Nase im Wind, er trägt sie nicht hoch. Er belehrt nicht, weil ihn sonst die Menschen, über die er schreibt, belächeln oder links liegen lassen. Die Basis allen Journalismus' liegt also dort, wo ein Journalist den Menschen, für die er schreibt, Tag für Tag begegnet. Wer über die Zukunft des Journalismus nachdenkt, der erkennt schnell: Gerade weil die Welt zum Dorf wird, wollen die Menschen sich nicht verlieren, sie wollen alles aus ihrer Nachbarschaft erfahren – lange noch gedruckt auf Papier, aber auch online, auf Smartphone oder Tablet. Wer in der Provinz beginnt und dort bleibt, ist nicht provinziell. Er kann faszinierende Porträts schreiben, durchs Schlüsselloch in verborgene Räume schauen, Politik dort erklären, wo die Menschen sie unmittelbar erleben, kurzum: nirgends kann er schneller und freier den besten Journalismus treiben. Henning Noske zeigt in diesem Buch, wie es geht." *Paul-Josef Raue im Vorwort*

Henning Noske

ONLINE-JOURNALISMUS. WAS MAN WISSEN UND KÖNNEN MUSS
DAS NEUE LESE- UND LERNBUCH

Bibliothek des Journalismus, Band 5

292 Seiten, Broschur
17,95 €
ISBN: 978-3-8375-1237-3
EAN: 9783837512373

Auch als ePUB erhältlich
16,99 €
ISBN: 978-3-8375-1504-6
EAN: 9783837515046

Online-Journalismus.
Das ist die Zukunft des Journalismus: Schreiben, Recherchieren, Präsentieren im Netz, auf Computer, Tablet und Smartphone. Zur eigenen Marke werden, in den Medien, aber auch in sozialen Netzwerken und mit Blogs.

Doch wie geht das? Wie macht man es richtig? Was ist online anders? Dieses Buch führt auf Basis eines gründlichen journalistischen Handwerks in den Online-Journalismus ein. Seine hohe Praxisorientierung mit vielen Tipps und Arbeitsbeispielen macht es gleichermaßen für angehende oder etablierte Journalisten sowie für Schüler, Volontäre und Studenten interessant.

Henning Noskes Lese- und Lernbuch über den Online-Journalismus ist für alle, die wissen wollen, wie es mit dem schönsten, vielseitigsten, manchmal aber auch härtesten Beruf der Welt jetzt weitergeht. Und was man wissen und können muss, um im Journalismus künftig zu bestehen. In seiner Tour d'horizon durch die wichtigsten Themen kommt auch der Spaß am Erzählen nicht zu kurz. Das Wichtigste:

- Wie sich der Journalismus verändert und treu bleibt
- Teaser, Cliffhanger und Co. – so schreibt man richtig für das Web 2.0
- Multimedia, Crossmedia, Storytelling, Mobile Reporting
- Verantwortung und Qualität im Online-Journalismus
- Recherche, Blogs und soziale Netzwerke
- Die wichtigsten Ausbildungswege

Der Autor
Henning Noske, Jahrgang 1959, leitet die Stadtredaktion der Braunschweiger Zeitung. Er hat einen Lehrauftrag für Printjournalismus an der TU Braunschweig und wurde mit mehreren Journalistenpreisen ausgezeichnet.